# 编委会

**顾问**（以姓氏笔画为序）

仲呈祥　张道一　陈文申　陈美林　周华斌

**编委会主任**：廖祥忠

**编委**（以姓氏笔画为序）

| 马云华 | 王一川 | 王子岚 | 王文军 | 王廷信 | 王杰文 | 王建民 | 王黑特 | 王韶华 |
| 方李莉 | 刘伟冬 | 刘祯 | 刘凌宏 | 许晓明 | 孙伟科 | 孙　萍 | 杜　卫 | 李凤亮 |
| 李　众 | 李怀亮 | 李新风 | 杨　杰 | 吴冠平 | 张士闪 | 张永清 | 张金尧 | 张国涛 |
| 张洪生 | 张　超 | 张　晶 | 张毓强 | 陈池瑜 | 陈　星 | 陈晓春 | 金　宁 | 周月亮 |
| 周由强 | 周　宪 | 周建新 | 胡智锋 | 段　鹏 | 施旭升 | 宫承波 | 夏燕靖 | 顾　江 |
| 徐粤春 | 徐　辉 | 郭春方 | 郭　晓 | 高小康 | 高晓红 | 黄宗贤 | 曹意强 | 梁　玖 |
| 梁　燕 | 隋　岩 | 彭吉象 | 彭　锋 | 曾遂今 | 管　宁 | 廖明君 | 廖祥忠 | 戴晓云 |

**主编**：王廷信

**主办**：中国传媒大学艺术研究院

**学术支持机构**：

中国文艺评论家协会

中国艺术学理论学会

中国艺术人类学学会

中国建筑文化研究会

中国傩戏学研究会

中国文化传播 第二辑

Chinese Culture Communication ②

王廷信 主编

中国传媒大学出版社
·北京·

# 中国文化要略

Chinese Culture Communication

程裕祯 主编

# 目录

001　序 ………………………………………………………………………………… 王廷信

## 前沿理论

001　文化杂糅、世界想象与跨文化传播
　　——中国民族管弦乐艺术发展进路研究 ………………………………… 向远航
014　中国式现代化背景下的社会美育
　　——以成都艺术展览与"公园城市"理念的双向构建为例 ……… 怀　康　张　慧
021　月令的时间观念与月令图的文化意涵 ………………………… 程波涛　冉巧玉

## 文化研究

029　中国传统造型艺术传播生态的层次结构分析 ………………… 孙玉明　荣雷雷

## 传播原理

043　论音乐中国风在海外的传播与变迁——以"东方短乐句"为例 ………… 霍英泽
055　数字媒体在吴罗（四经绞罗）织造技艺传播中的应用 ………………… 朱轩樱
066　戏曲视频线上传播略论——兼谈抖音号"戏犹记"戏曲短视频创作
　　……………………………………………………………………… 周　飞　郑世鲜

## 传承研究

078　地方文联在中华传统艺术当代传承中的组织效能考察分析
　　——以安徽省蚌埠文联为考察对象 …………………………………… 吴衍发

089 生态理念视域下左权民歌的当代传承 ································ 郭婧文

113 沪剧保护与传承的艺术人类学思考 ·························· 黄　丹　王廷信

## 艺术研究

122 霍普斯会成员的艺术理论建构与社会启蒙 ······························ 高紫潇

138 传播媒介视野下电子游戏在公众考古学中的应用 ······················ 邓佳媛

## 经典案例

149 陆小琴：一代人有一代人的风格
　　——努力实现传统核雕技艺与社会生活相结合 ···················· 陈天一

## 会议综述

157 生态理念视域下中华传统艺术的当代传承
　　——首届传统文化传承专业委员会学术研讨会综述 ··············· 李玉琴

# Contents

001　Foreword ·················································································· Wang Tingxin

## Frontier Theory

001　Cultural Hybridity, World Imagination and Cross-Cultural Communication——A
　　　Research on the Development Path of Chinese Orchestral Music ···· Xiang Yuanhang

014　Social Aesthetic Education Under the Background of Chinese Modernization——Take
　　　the Two-Way Construction of Chengdu Art Exhibition and Park City Concept as an
　　　Example ··················································································· Huai Kang　Zhang Hui

021　The Time Concept of the Lunar Order and the Cultural Implication of the Lunar Order
　　　Map ························································································ Cheng Botao　Ran Qiaoyu

## Cultural Study

029　The Hierarchical Structure Analysis of the Communication Ecology of Chinese
　　　Traditional Plastic Arts ································································ Sun Yuming　Rong Leilei

## Principles of Communication

043　On the Communication and Change of Chinese Music Style in Overseas——Taking
　　　"Eastern Short Phrase" as an Example ············································ Huo Yingze

055　Application of Digital Media in the Spread of Wu Luo (Four-End Complex Gauze)
　　　Weaving Technique ···································································· Zhu Xuanying

066　A Brief Discussion on the Online Communication of Traditional Chinese Opera Video
　　　in the Post-Pandemic Era——on the Short Video's Creation of TikTok "Traditional
　　　Opera Still Remember" ······························································· Zhou Fei　Zheng Shixian

## Inheritance Research

078  Investigation and Analysis of the Organizational Effectiveness of Local Literary and Art Federations in the Contemporary Inheritance of Traditional Chinese Art——Taking the Bengbu Federation of Literature and Art in Anhui Province as the Investigation Object ······Wu Yanfa

089  Contemporary Inheritance of Left Right Folk Songs from the Perspective of Ecological Concept ······Guo Jingwen

113  Reflections on the Protection and Inheritance of Shanghai Opera from the Perspective of Art Anthropology ······Huang Dan Wang Tingxin

## Art Research

122  Phoibos Society Member's Construction of Art Theory and Social Enlightment ······Gao Zixiao

138  The Application of Video Games in Public Archaeology from the Perspective of Communication Media ······Deng Jiayuan

## Classic Case Study

149  Lu Xiaoqin: Each Generation Has Its Own Style——Strive to Combine Traditional Nuclear Carving Techniques with Social Life ······Chen Tianyi

## Conference Review

157  Contemporary Inheritance of Traditional Chinese Art from the Perspective of Ecological Concept——Conference Review of the First Academic Seminar of the Professional Committee for the Inheritance of Traditional Culture ······Li Yuqin

# 序

　　2011年10月，中国共产党十七届六中全会通过的《中共中央关于深化文化体制改革、推动社会主义文化大发展大繁荣若干重大问题的决定》指出："文化是民族的血脉，是人民的精神家园。"文化是集人类观念、行为于一体，体现人类生存方式的物质和精神活动。文化的传承与传播，正是让民族血脉延续、让人民家园丰盈的有效途径。

　　文化的传承与传播也关乎一个国家、一个民族的文化自信。习近平总书记于2016年11月30日在中国文学艺术界联合会第十次全国代表大会、中国作家协会第九次全国代表大会开幕式讲话中指出："文化是一个国家、一个民族的灵魂。……文化自信是更基础、更广泛、更深厚的自信，是更基本、更深沉、更持久的力量。"文化的传承与传播是支持文化自信的关键行动，是让文化自信深入人心、落实到社会心理和行为层面的有效途径。

　　文化传承是文化在时间轴上的延续和更新。文化传承主要是人的观念和行为的延续和更新。文化传承延续的是文化中的精髓，更新的是文化中的糟粕。文化中的精髓总是牵引着人类社会朝着更健康、更有效、更充实的方向发展，文化中的糟粕是特定时代的产物，随着社会的进步，这些产物或因不适应，或因不能推动社会发展而被淘汰。但如何辨析精髓和糟粕，如何认识人们为文化所注入的新观念、新行为的价值，如何思考新观念、新行为与文化精髓和糟粕之间的关系，需要理论家们投入足够的时间和精力，以新的理念和方法不断思考，拨去遮蔽在文化表层的雾障，让文化价值以一种社会动力的形式在新的时代得以彰显。

　　文化传播是文化在空间范围的交流、流传和扩散。空间包括国度、地区、民族等被界域化的范围，是文化交流、流传和扩散的所在。古往今来，人类创造的文化形式丰富多彩，跨国度、跨地区、跨民族的文化传播也在不断推进着人类文化的丰富性。文化是在传播过程中实现价值的，有价值的文化形态总是被人们崇尚、吸收、理解。但文化传播并非自在的，而是依靠特定的观念、组织、途径、行为来实现的。文化传播是一种价值观的分享，当一种价值观被人们理解、崇尚、吸收时，才会让人们感受到精神世界的充盈。而这种价值观的分享，既关乎理论，又涉及实践。所以，关注文化传播实践并从理论上思考文化传播原理，也是理论家们的使命。

艺术是人类把握世界、实现自我的一种独特方式。作为文化的有机组成部分，艺术以其润物无声的感染力丰富着人类的精神世界，也深刻影响着人类的观念和行为。艺术的传承与传播从一个独特的角度丰富着文化的内涵、呈现着文化的风貌、张扬着文化的价值。因此，我们热切欢迎以艺术传承与传播为主题的理论探讨。

《中国文化传播》立足中国，面向世界，结合中国传媒大学的学科优势，团结国内外优秀学者，以中国艺术传播与传承为主要内容，专注于中国文化传播的理论探索和实践研究。《中国文化传播》坚持理论与实践相结合的立场，提倡学术性、前沿性、探索性，引导文化传播的理论研究和实践探索，为文化传播提供学术支持。

我们高度重视发掘新生代学者，鼓励青年学者积极加盟，以新锐目光讨论相关问题。

《中国文化传播》像是一位初出茅庐的学界新秀，迫切需要大家的关心与支持。我们坚信，在大家的共同努力下，《中国文化传播》一定能为文化的传承与传播提供优质的理论思考和学术成果。

王廷信

2022 年 3 月 26 日于北京

# 文化杂糅、世界想象与跨文化传播

## ——中国民族管弦乐艺术发展进路研究

向远航

**摘　要**：民族管弦乐作为中国传统音乐与西方管弦乐混合的产物，萌芽于20世纪20年代的大同乐会，其发展进路显现出"文化杂糅"的特性。在先后经历萌芽、确立、深入和加速四个阶段后，民族管弦乐在"杂糅"的流变中最终形成"第三空间"，这一空间为民族管弦乐百年发展以来所受到的、由文化差异引发的"杂糅"争议提供了可能的解释。在"第三空间"内，一种基于审美经验的"世界"想象逐渐生成，民族管弦乐成为跨文化传播的媒介。

**关键词**：民族管弦乐；文化杂糅；第三空间；世界想象；跨文化传播

"民族管弦乐"源于西方17世纪以来逐步形成、发展的"管弦乐"（orchestral music）概念，是指以中国乐器合奏为基础，借鉴西方管弦乐而形成的一种音乐形式，由此组建而成的乐团即"民族管弦乐团"。这一界定并非对中国历史上存有"管弦"乐队的否认，而是旨在强调其作为一种音乐形式与生俱来的中西"文化杂糅"特性。事实上，具备"管弦"性质的乐队在中国自古有之，如隋唐时期的宫廷燕乐。有关"民族管弦乐"一词最早出现于何处的说法尚未统一，现已较难考证。音乐学界一般认为其历史应当追溯到20世纪20年代的大同乐会，直到1953年4月9日中央人民广播电台民族管弦乐团成立，"民族管弦乐"这一称谓才得以确定并逐步推广开来。[①]

形成于中西文化交往过程中的民族管弦乐，具有鲜明的"文化杂糅"属性。自20世纪20年代大同乐会确立了其基本的演奏形式以来，民族管弦乐的传播历程已走过百年，引起了许多学者的关注。既有的民族管弦乐传播研究大多数围绕具体的音乐家、音

---

① 彭丽. 彭修文民族管弦乐艺术研究[M]. 北京：中央音乐学院出版社，2005：2.

乐作品或音乐观念展开，较少从"杂糅"和"跨文化"的视角观照这一具有"文化杂糅"性质的音乐形式，因而我们有必要对民族管弦乐"杂糅"身份的流变进行考察，从而正视与回应其百年发展以来所受到的争议，并探讨在这一过程中民族管弦乐应如何走向未来。

## 一、民族管弦乐发展进路中的"杂糅"流变

20世纪80年代，萨义德（Said）基于后殖民主义的视角提出"东方主义"的概念，通过强调东方作为"他者"的异质性来揭示欧洲中心主义下西方对东方的固化认知，这一概念本质上成为"西方用于界定自身并统治东方的一种认识论构型"①。文化间的相互作用不仅体现为西方对东方的侵略式输入，也存在于东方对于西方的抵抗中。在这种政治不平等的环境下，文化间的碰撞与交流产生了一种文化权威建构，即霍米·巴巴（Homi K. Bhabha）提出的"文化杂糅"（cultural hybridity）。② 民族管弦乐作为一种中西混合的产物，充分体现了"文化杂糅"的特性。基于此，本部分将考察民族管弦乐在百年发展中"杂糅"身份的流变。

### （一）大同乐会："被动改造"下的"杂糅"萌芽

20世纪伊始，伴随着"西学东渐"历史进程下西方文化的强势冲击，中国社会的方方面面发生了翻天覆地的变化，音乐领域亦无法独善其身。在中西文化的碰撞中，一场声势浩大的"被动改造"在音乐领域展开，国人开始从不同角度思考中国音乐的发展问题。需要说明的是，这里所说的"被动改造"并不意味着当时的音乐发展全都是被动性质，而是意在强调中国音乐之所以产生"杂糅"性质的改良或变革，完全是因为当时社会环境之特殊性，即在"开眼看世界"之后，国人才逐渐在"西学东渐"中认识到中西文化间的差异，以及本国音乐发展的落后。在百日维新运动带来的思想解放下，一批新式学堂创办起来，以沈心工、李叔同、曾志忞等人为代表的主要根据日本或欧美曲调进行填词的"学堂乐歌"开始兴起，西方音乐的基础知识经由歌唱形式逐渐传播到了一般民众尤其是青年知识分子中，这一颇具启蒙意义的音乐运动也成为随后"五四"新文

---

① 赵淳.反思与质疑：萨义德和萨义德东方主义[J].外国文学，2007（2）：106.
② 生安锋.霍米·巴巴的后殖民理论研究[M].北京：北京大学出版社，2011：115.

化影响下新音乐建设的起点。① 在学习西方音乐的过程中，率先参考西方管弦乐团对中国民族乐器组建管弦乐团的构想始于20世纪20年代的大同乐会。

大同乐会的乐团编制直接借鉴西洋管弦乐团对乐器进行归纳分组的方式，将中国乐器分为了"吹、拉、弹、打"四个声部。尽管彼时大同乐会所演奏的还不是现代意义上的"民族管弦乐"，但这一划分作为一种关于民族管弦乐团基本架构的设想一直沿袭至今。在建立初期，大同乐会设立了研究部、制造部和编译部三个部门，分别负责演奏改编古乐、制造改良本民族乐器和编译乐书乐谱。从组织命名来看，"大同"即是蕴含着"研究中西音乐归于大同"②的希望，这说明音乐上的中西"杂糅"在此已经萌芽。

"大同乐会乐队最开始以复兴雅乐为宗旨"③，但由于雅乐文化的消亡和西方音乐的传入，大同乐会不可避免地杂糅着许多西方管弦乐的因素，如直接借鉴西方管弦乐团乐器分类法划分民族乐器，参考西洋乐器音域、音色以及发声原理改革民族乐器等。在中西方两种文化的共同作用下，一种全新的声音由此诞生，是为民族管弦乐的萌芽。从时间上来看，"大同乐会"诞生之时已是20世纪，彼时欧洲音乐早已告别古典主义而步入以"泛调性""无调性"等作曲技法、音乐观念为代表的现代主义。在这一阶段中西文化的碰撞之中，中国的"杂糅"还完全建立在学习西方音乐体系（主要是古典音乐传统）的基础之上，这种"杂糅"体现在对乐团的效仿上也是较为直接的。

这一时期同时还存在许多民间的音乐组织，其中影响较大的如刘天华领导创办的"国乐改进社"、苏州的"吴平音乐团"等，工作同样集中于研究古籍文献和改良乐器，故不再赘述。这些在当时社会出现的零散的民间团体，彼此之间的发展路径虽不尽相同，但实际上都是散落在各处的"民族管弦乐"萌芽。由于民间组织社会角色和传播手段的局限，其音乐形式也颇具争议，始终未能在社会上掀起潮流，就连"大同乐会"的创始人郑觐文也从未将自己演奏的音乐称为"民族管弦乐"。但这些民间团体所积累的改良成果一直存留到后世，为民族管弦乐的确立及发展奠定了深厚的基础。

### （二）彭修文与中国广播民族乐团："主动创造"中的"杂糅"确立

如果说以大同乐会为代表的民间组织是在"被动改造"下产生了民族管弦乐这一"杂糅"的萌芽，那中华人民共和国成立后的职业音乐团体则是在"主动创造"中进一

---

① 汪毓和.中国近现代音乐史[M].北京：人民音乐出版社，2009：2；陈应时，陈聆群.中国音乐通史[M].北京：高等教育出版社，2006：245.
② 陈正生.郑觐文与大同乐会[J].乐器，1994（2）：37.
③ 姚亚平.中国民族器乐创作的百年追求[J].音乐艺术（上海音乐学院学报），2019（3）：69.

步推动了民族管弦乐的发展进程。1953年，随着中央人民广播电台民族管弦乐团（后易名为"中国广播民族乐团"）的建立和发展，"民族管弦乐"作为一种"文化杂糅"的音乐形式被正式确立下来，并依托国家的支持发展起来。

中国幅员辽阔、民族众多，无论是苏州评弹、侗族大歌还是陕北信天游、新疆木卡姆，都只能代表某一个地区的音乐特色而难以代表整个中国，想找到一种"泛中国"的、能成为中国文化象征的音乐形式难度可想而知，而这正是中华人民共和国成立后政府的迫切需要。① 在这种情形下，1953年中国广播民族乐团的成立与指挥家彭修文的出现成为民族管弦乐发展史上的重要节点。

演奏员出身的彭修文同时兼任中国广播民族乐团的作曲家与指挥家，在他与全团人员的摸索实践中，乐队结构体制被基本确定为拉弦组、弹拨组、吹管组以及打击乐组。为了能同西方管弦乐团一样自由转调，在采用十二平均律的同时，乐团还通过改革乐器使得同类乐器具备高、中、低的音域。② 由于民族管弦乐作品的缺乏和可参考资料的匮乏，彭修文创作并改编了一大批优秀作品，如《瑶族舞曲》《月儿高》《丰收锣鼓》《乱云飞》等，同时还将西方管弦乐作品如《卡门组曲》《图画展览会》等移植到民族管弦乐中，大大扩充了乐团的演奏曲目。至此，民族管弦乐在律制以及编制方面均已基本确定，"民族管弦乐"这一名称也在这一时期基本确定并推广开来。

彭修文将西方专业作曲技术运用到民族管弦乐的创作中，主动选择中西融合的道路，他以中国广播民族乐团为起点，一生奉献于民族管弦乐事业，其"改变、提高了民族器乐合奏的社会地位"③，彭修文本人也因此成为民族管弦乐发展史上里程碑式的人物。与此同时，随着民族管弦乐这一中西"杂糅"音乐形式的基本确定，从20世纪下半叶至今，全国各地陆续建立起民族管弦乐团，其中较为有代表性的如上海民族乐团（1952）、中央民族乐团（1960）、香港中乐团（1977）、南京民族乐团（1986）、澳门中乐团（1987）、北京民族乐团（2015）、苏州民族管弦乐团（2017）等。

## （三）新潮音乐："文化交往"中的"杂糅"深入

20世纪80年代，文化交往日益频繁，以瞿小松、谭盾、陈其钢、陈怡、郭文景等一批具有中西"文化杂糅"身份的音乐家为代表创作的"新潮音乐"蔚然成风，在一改

---

① 余少华.创建中国大型合奏文化——从彭修文先生逝世想起[J].人民音乐，1997（6）：8.
② 孙克仁，林友仁，应有勤，等.我国民族管弦乐队结构体制的形成和沿革[J].中央音乐学院学报，1982（1）：13-14.
③ 彭丽.彭修文民族管弦乐艺术研究[M].北京：中央音乐学院出版社，2005：203.

60年代至70年代末音乐创作颓势的同时,为民族管弦乐创作带来了生机。

具体而言,这批音乐家的"文化杂糅身份"体现在中国文化的浸染与西方文化的学习上:对于中国传统文化,他们因从小耳濡目染而有着深厚的感情;留学期间,他们在学习古典主义传统之外还广泛接触如序列音乐、偶然音乐、电子音乐、跨媒介音乐等西方现当代音乐作品和创作观念。他们在中国传统文化的浸润下成长,后接受西方音乐长期而专业的训练,最终选择回国并立足于中国文化进行音乐创作,中西音乐文化在这批音乐家身上实现了深刻联结。这种联结不仅体现在音乐形式上,还体现在音乐家主体的"文化杂糅"身份上。先后留学于加拿大和美国的中国作曲家林乐培创作的《秋决》(1978)和《昆虫世界》(1979)是率先将西方现代作曲理念与技法运用到民族管弦乐中的两首作品,"不仅为中乐团奠定了演奏现代作品的基础,也奏响了中国现代民族管弦乐创作的先声"[①]。之后,阎惠昌的《水之声》(1982)、谭盾的《西北组曲》(1990)、郭文景的《愁空山》(1992)和《滇西土风二首》(1993)、唐建平的《后土》(1999)与《天人》(1999)等作品均属于此类。

如郭文景为竹笛与民族管弦乐队创作的《愁空山》,这一作品的标题源于唐代诗人李白的《蜀道难》,虽是借鉴西方古典交响协奏曲之体裁,但完全不同于其音响特征,所追求的也并非传统民乐作品中基于山水印象线条式的描绘。郭文景在这部作品中竭力提升民族管弦乐的表现力,竹笛部分具有超高难度,同时作品还立足于民族管弦乐团的独特音响,尝试挖掘民族管弦乐独特的音乐语言。[②] 作曲家本人曾表示,将《愁空山》从民族管弦乐团协奏改为西方管弦乐团协奏非常棘手,最难之处在于两种乐队之间的音色转换。[③] 由此可见,这些音乐家借鉴西方乐体裁同时基于民族管弦乐自身特点而展开的创作,实质上扩展了民族管弦乐音响的可能性,从而为民族管弦乐的独立发展奠定了坚实的基础。

"新潮音乐"的作曲家们试图将西方现代音乐创作技法同中国传统文化精神融合,他们自身的"文化杂糅"身份催生了他们对于"文化杂糅"的思考,这一思考又将民族管弦乐创作的"杂糅"推向更深层次。从这个角度来说,"新潮音乐"中的民族管弦乐不仅是一种"杂糅",音乐家们已经在其中搭起了中西文化交往的桥梁。

---

[①] 李西安."民族器乐的创作与发展"系列讨论之二十三 我们将如何面对21世纪?——民族管弦乐队的转型、解构及其它[J].人民音乐,2000(4):8.
[②] 李吉提.尔才必有用 飘然思不群——郭文景的竹笛协奏曲《愁空山》析评[J].人民音乐,2013(11):28.
[③] 童昕.苍山如海——竹笛协奏曲《愁空山》析评[J].人民音乐,1997(10):5.

### (四)21世纪:"全球互联"下的"杂糅"加速

文化交往的愈发密切使得音乐上的"杂糅"更加深层和多元:在艺术创作"杂糅"之外,还有艺术观念、艺术门类等方面的"杂糅";在中西"杂糅"之外,还可能是与任何一种文化或多种文化的"杂糅"。步入21世纪,"杂糅"已经悄无声息地渗透进一切可能的场所,国家之间在政治、经济、文化等各个领域的交流博弈更是几乎消解了文化间独善其身的可能性。至此,诸文化之间这种仍将持续下去的"杂糅"现象已然塑造出一种全球景观,民族管弦乐的"杂糅"进一步加速。

传统的民族管弦乐作品大部分是基于声音的创作,媒介技术的发展在丰富民族管弦乐创作的同时,也为民族管弦乐的表现形式提供了多种可能。以郭文景作曲、苏时进导演的民族管弦乐《桃花扇》为例,该作品以音乐剧场的形式呈现,将乐器与人物形象相对应,并融入舞美等元素,以多媒体技术烘托剧情,实现了"在音乐中铺陈戏剧,在戏剧中展现音乐"[①]。还有一些作曲家以民族管弦乐为母体,结合现代媒体技术进行全新的艺术创作,这方面以王潮歌导演与中央民族乐团驻团作曲家姜莹共同创作的民族乐剧《印象国乐》(2013)和《又见国乐》(2015)为代表。这两部作品"在不改变传统乐曲基本风貌的基础上,以多元跨界的艺术理念打破常规,大胆吸收声光电等现代多媒体技术手段,将听觉艺术与视觉艺术相结合"[②],为民族管弦乐的创作开拓出一个全新场域。

在拓宽音乐表现形式之外,杂糅的加速还带来了杂糅的边界问题:"20世纪先锋音乐的探索之路留给我们太多的路标和许多创造性的实验成果……历史证明创新的实验期已经过去,如何看待现代音乐创作对于传统作曲技术的继承与发展,这是否为创作的一个领域和方向,抑或代表着一部分作曲家的思想和创作。"[③] 指挥家邵恩也曾直言:"我在指挥大量的现代作品之后,发现有很多作曲家并没有抓住音乐创作的实质。这类作曲家在创作的时候,拼命挖空心思地要创作一个很奇怪,而且是没有人曾听过的声音或用过的作曲技法……他们这样做最后便会变成'无源之水,无本之木',而他们的作品大都

---

① 大型民族管弦乐《桃花扇》[EB/OL].(2018-6-13)[2024-3-15]. http://www.njyyjt.com/jd/minyue/2018-06-13/231.html.
② 席强. 民族管弦乐的实践与开拓——关于中央民族乐团改革与发展的思考[C] // 于庆新. 华乐世纪行:"民族器乐的创作与发展"系列讨论文集. 上海:上海音乐学院出版社,2017:387.
③ 王萃. 经过新音乐实验的元点走向中国文化实质的探索与实践——论"新潮"音乐及当代音乐创作的方向[J]. 中国音乐,2011(3):94.

只是一堆新颖但奇怪的音响组合而已。"① 在新潮音乐之后，一部分中国音乐家开始思考音乐创作中"杂糅"的边界问题——民族管弦乐究竟应该"杂糅"什么，又如何在"杂糅"中发展？

如梁雷为钢琴与民族管弦乐队创作的《记忆的弦动》（2011）。从创作背景来说，生于20世纪70年代的梁雷从小在传统音乐的浸染下成长，17岁赴美留学，同"新潮音乐"的音乐家们一样是一位具有"文化杂糅"身份的作曲家，在这部作品中，"他是要追寻、要重塑对中华民族文化的记忆"②。从作品内容来看，梁雷选择了钢琴与民族管弦乐队这一无论是音色上还是律制上都颇具冲突性的"杂糅"组合。不同于大多数钢琴协奏曲的是，梁雷的这部作品将中国乐器的演奏法"杂糅"进钢琴这一西方乐器，通过吉他滑音棒（slide bar）刮弦、压弦、泛音等现代技法极尽可能让钢琴"讲中国话"，③钢琴时而接近各类打击乐，时而像古琴、筝、琵琶等弹拨乐器。这一"杂糅"并非纯形式的，在这种尝试中，作曲家"采用传统中国山水画中处理人物的办法，不是让独奏乐器自我膨胀或肆意张扬"④，而是试图将钢琴的音色融于民族管弦乐队中，在避免钢琴与民族管弦乐队的律制发生冲突的同时，让钢琴发挥出中国弹拨乐器的音色和音效，通过技法上的"杂糅"互鉴实现了东西方文化意涵的深刻联结。

## 二、从民族管弦乐到中国管弦乐：在争议中走向世界

民族管弦乐的传播在"文化杂糅"的过程中已经跨越百年并取得了一定的成绩，但我们仍需要听到这百年发展中一直存在着的"噪音"——自民族管弦乐诞生至今一直面临的争议。本部分将考察有关民族管弦乐争议产生的原因与基点，并探讨当下的民族管弦乐如何在争议中走向世界。

### （一）文化差异引发的百年杂糅争议

相较于西方管弦乐团几百年的发展历史，中国近代才开始组建的民族管弦乐团只能算刚刚起步，围绕这一音乐形式确立的合法性及科学性问题引发了许多业内外人士的关

---

① 陈仰平，梁雷.《记忆的弦动》——梁雷、陈必先、邵恩、樊慰慈谈钢琴与民族乐队协奏曲的创作与诠释[J]. 中央音乐学院学报，2012（1）：50.
② 蔡良玉. 遥远深沉的记忆——梁雷的钢琴协奏曲《记忆的弦动》述评[J]. 中国音乐学，2016（4）：129.
③ 陈仰平，梁雷.《记忆的弦动》——梁雷、陈必先、邵恩、樊慰慈谈钢琴与民族乐队协奏曲的创作与诠释[J]. 中央音乐学院学报，2012（1）：45.
④ 梁晴. 一音多声：梁雷《记忆的弦动——钢琴与民乐队协奏曲》解析[J]. 音乐艺术（上海音乐学院学报），2017（2）：86.

注。从负面声音的出发点来看，大多数都将民族管弦乐的建立及发展视为一种"西化"，即将彼此并不融合的民族乐器强行放置在一起甚至改革以追求西方管弦乐标准中的"和谐"，这既是"吃力不讨好"且无意义的尝试，更是对于本国音乐文化属性的轻视。

例如，一部分学者认为民族管弦乐完全是效仿西方管弦乐而建立的，这是一种不恰当的"西化"——大多数民族乐器最初并不是为合奏而设计的，因而个性强烈，组合起来音响嘈杂刺耳、不和谐，为了达到和谐而改良乐器，必定会以牺牲乐器固有的特色为前提。另外，早年的民族管弦乐团由于缺少弦乐低音声部，一直在探索改制各种低音拉弦乐器，如大胡、拉阮等，最后效果仍然不尽如人意。目前，除香港中乐团还在坚持使用自己研发的"革胡"与"低音革胡"来充当民族管弦乐的弦乐低音声部之外，其余绝大多数民族管弦乐团的编制仍是直接使用西方管弦乐团中的大提琴和低音提琴。

我们面对其他领域的全球化和现代化早已习以为常，但当我们面对民族管弦乐的发展时，却充满了疑虑和争议。从本体来看，中西音乐在律制、乐器特性、美学观念等诸多方面都存在较为显著的差异。音乐人类学的观点认为，"不同的社会结构和属性影响音乐的形式和它的内容"[①]，其强调的是各民族音乐文化的社会基源。也就是说，中西音乐在形态上的异质性完全是因为它们归属于两种不同的文化。由此，有关民族管弦乐发展的争议实际上是在全球化时代背景下，我们对漠视中西"文化差异"的担忧及对"文化多样性"消逝的恐惧。

霍米·巴巴对于"文化多样性"（cultural diversity）与"文化差异"（cultural difference）这对概念的区分很好地说明了这些争议产生的基点。在他看来，"文化多样性"仅仅是一种对于不同文化中行为、态度、价值系统客观存在这一事实的肯定，但这种静态的思想实质上将文化间的差异绝对化了[②]；"文化差异"则是动态的，其强调的是一个文化主体面临文化交往时，在言说自己文化和叙述其他文化的过程中产生的效果[③]。从中国音乐史来看，民族管弦乐的诞生直接源于近代西方音乐的传入——在中西方音乐的碰撞中，音乐家们发现和认识到根植于传统的文化差异，无论是记谱法、律制，还是乐器、乐队乃至音乐教育都如此与西方大相径庭——在当时的历史环境下，"没有人能抵制西方文明的巨大冲击波……没有人能在强烈的民族主义和国家主义意识下抱残守缺地继续维持业已消亡和正在消失的本土音乐"[④]。20世纪初中国所经历的西方

---

① 洛秦.音乐中的文化与文化中的音乐[M].上海：上海音乐学院出版社，2010：1.
② 生安锋.霍米·巴巴的后殖民理论研究[M].北京：北京大学出版社，2011：76.
③ 张法.霍米·巴巴后殖民理论的特色和意义[J].甘肃社会科学，2013（3）：14.
④ 李丽敏.文化的嫁接——中国民族管弦乐队历史成因新探[J].中国音乐学，2009（3）：113.

文化洗礼之深刻，仅从我们今天的衣食住行来看已可见一斑。音乐作为人类文明、社会形态的一部分，不可能独善其身。作为中西文化杂糅的"民族管弦乐"实是历史之选择，其发展百年之久并已形成相对稳定的受众群体，是最好的证明。在中西文化交往的过程中，音乐先辈们所选择的中西结合之路是主动接受也好、被动接受也罢，从当下的世界格局来看，实际上最终都会不可避免地走向"杂糅"。进一步说，霍米·巴巴提出的"文化差异"实际上是强调在基于这种差异的互动中所生成的"第三空间"，即民族管弦乐这一音乐形式，而非一种"传统/现代，自我/他者等二元对立的观念"[1]。

从这一意义上来说，民族管弦乐百年历史中所伴随的"杂糅"争议实际上仍是基于过去的一种二元对立的讨论，一切褒贬最终都会回到我们如何看待"杂糅"这一既定事实上，因而问题的关键在于"第三空间"既已生成，我们该如何把握现在从而更好地走向未来。

### （二）在"第三空间"构建"世界想象"

要理解和回应这些争议，我们仍需回到"杂糅"概念本身。在霍米·巴巴看来，"杂糅"这一现象"并不是两种不同文化谱系或本体的问题，不能被视为'文化相对论'（cultural relativism）下的问题来解决"[2]。杂糅的过程本身会形成一个意义含混的"第三空间"，"只有理解了一切有关文化的论调和制度都是建立在对这一矛盾空间的阐释之上的，我们才能去理解文化的原初性或纯真性站不住脚"[3]。从音乐史的角度来看，原初的、纯真的"中国音乐"本身难以定义，也并无必要定义，譬如历史上的中国在保有本土音乐的同时，一直在吸纳、改造着外来音乐。现今一些我们习以为常的"民乐"实际上最初并非诞生于中国，如从东欧、西亚一带传入的唢呐，从波斯传入的扬琴，从西域传入的琵琶，等等。仅从乐器来源来看，现今的民族管弦乐已体现出"世界性"的特征。在这一逻辑下，"中国音乐"实际上是发展着的动态概念，"民族管弦乐"作为其中的一部分并无二致。

作为"第三空间"的民族管弦乐无论是在听觉审美上还是文化意指上都迥异于西洋管弦乐和中国传统音乐，理应被当作一个独立的艺术形式来看待。在百年传播过程中，音乐家们因为发现回到西方管弦乐的"古典和谐观"不可行，因而提出民族管弦乐应该

---

[1] 张法. 霍米·巴巴后殖民理论的特色和意义[J]. 甘肃社会科学，2013（3）：15.
[2] K HOMI. Bhabba. The location of culture[M]. London：Routledge，1994.
[3] K HOMI. Bhabba. The location of culture[M]. London：Routledge，1994.

建立基于"现代和谐观"①的听觉审美；因为发现中国传统音乐的局限性，所以不断在民族管弦乐创作中探索中国乐器自身以及组合的潜能。但民族管弦乐仍然有形式上回归母体文化的权利——兼能演奏中国传统音乐和西洋管弦乐。事实上，这两种母体文化的回归早已被尝试：一方面，民族管弦乐保留了传统乐器，因而演奏中国传统音乐自然得心应手，如《三六》《月儿高》等，而且这类作品通常具有各种编制规模的适应性，大到百人小到寥寥数人均可演奏；另一方面，民族管弦乐亦可移植演奏西方管弦乐作品，如彭修文移植的《图画展览会》（原为穆索尔斯基所作的钢琴曲，后由拉威尔改为管弦乐）和《雅典的废墟》（贝多芬曲）、陈澄雄移植的《天方夜谭》（里姆斯基·科萨科夫曲），李劭晟移植的《大地之歌》（马勒曲）等。需要注意的是，这种母体文化的形式回归仅仅是一种可行性而非目的性或必要性，这是由构成民族管弦乐这一"第三空间"的"杂糅"特性带来的，而非"第三空间"的主要目标。实际上，作曲家们对移植作品的考虑同样体现着"杂糅"特性，他们并不会选择移植贝多芬的交响曲，而是着眼于那些具有浓郁民族色彩或与中国特色相关的管弦乐作品。从作曲家的音乐构思以及表达来看，移植给民族管弦乐带来的全新阐释在某些方面或许更能接近作品本源，这种接近本源的尝试蕴含着中国音乐家们的"世界想象"——中国乐器如果能更恰切地表达某段旋律，是否为一种对原作的补充？对那些基于西方管弦乐编制进行民族风格创作的作曲家而言，如果当时能听到这些中国乐器的声音，是否有眼前一亮的可能性？

现任苏州民族管弦乐团指挥的彭家鹏先生已经将乐团演奏的音乐称为"中国管弦乐"，以此代替"民族管弦乐"。早年间，"民族管弦乐"被冠以"民族"二字，与"民族音乐"（简称民乐）类似，是由当时中国百废待兴的社会环境所决定的，"体现了文化为谁服务的意味"②。站在当下这个日新月异、万网互联的 21 世纪，我们有必要重新审视这一名称。在彭家鹏看来，"选择'中国管弦乐'这一名称可以很好地区别于'西方管弦乐'……在民族管弦乐的探索沿革中，我们已经将定音鼓、马林巴、竖琴等西洋乐器纳入了编制之中"。"我们的乐器其实有很多本身也是外来乐器，因而我们的乐团既不是'民族'的乐团，也不是'西洋'的乐团，而是一种中西混合的、中国独有的乐团。"③在这里，他所强调的"中国独有"实际上也体现着"第三空间"的特性。在作曲家李劭晟看来，"难道我们的乐团就只能演奏中国民族的音乐吗？只能演江苏的、浙江

---

① 李西安."民族器乐的创作与发展"系列讨论之二十三 我们将如何面对21世纪？——民族管弦乐队的转型、解构及其它[J].人民音乐，2000（4）：8.
② 萧梅.20世纪的"两本书"[J].音乐研究，2003（2）：13.
③ 资料来源：https://www.bilibili.com/video/BV1BK411Q7CB/?spm_id_from=333.337.search-card.all.click&vd_source=bf7bc0ab6329c14569df913daf9afb74.

的、北京的音乐而不能演美国的、欧洲的音乐吗？……甚至有一天我们可以叫它'世界管弦乐团'"①。这种"世界管弦乐团"的畅想实际上就是"杂糅"的概念化呈现，即人类自古以来的一种美好理想——世界主义。

在霍米·巴巴有关"世界主义"的论述中，他认为"杂糅"进一步延伸就是世界主义观念。②从20世纪初西方音乐文化传入我国引发的巨大冲击，到80年代改革开放带来的文化交往时代新风，再到全球化空前深入的当下，面对体系完善、作品浩瀚的西方音乐，中国音乐家们一直在"新的语言中创造出新生事物"③。佛克马则从文学的角度指出，"世界文学的创作、阅读和欣赏是造就世界主义的一条重要途径"④，这一判断是基于审美的，是唯有在艺术世界中才能建构的，是"全人类都生来具有的学习能力的基础"⑤。他还指出，在这种审美式的阅读中，我们可以接触到一个能够与广大人民相联结的"巨大的文本库"⑥，这与"世界管弦乐团"的构想不谋而合。"世界管弦乐团"的概念或许不成熟，但本文无意论述其科学性，而是期望通过以上事实表明这种"世界想象"在文化交往中仍然存在。

## 三、作为跨文化传播媒介的民族管弦乐

21世纪以来，中国音乐经由国家院团和高校在世界各地文化艺术场所频频亮相，跨文化传播步伐并不迟缓。但从传播效果上看，中国音乐在仅仅诉诸视觉、听觉的音乐表演和文化交往中始终浮于表面、收效甚微，国际影响力仍然较弱。如果将这一事实简单地归因于"文化差异"，那么我们实际上则否定了不同文化之间能够进行跨文化传播的可能性。音乐人类学家梅里亚姆指出："跨文化音乐交流的问题不仅取决于理解，更重要的是，还取决于对这种理解的接受程度。"⑦换言之，中国音乐在海外传播的过程中，仅仅考虑如何弥合文化差异是不够的，还要考虑海外受众是否愿意接受这种音乐。在这种情形下，民族管弦乐倚靠自身的杂糅属性在跨文化传播中发挥了重要作用。

不论是中国民族管弦乐团还是西方管弦乐团，都是在杂糅中发展形成的，这一过程

---

① 资料来源：https://www.bilibili.com/video/BV1BK411Q7CB/?spm_id_from=333.337.search-card.all.click&vd_source=bf7bc0ab6329c14569df913daf9afb74。
② 生安锋.霍米·巴巴的后殖民理论研究[M].北京：北京大学出版社，2011：145.
③ 生安锋.霍米·巴巴的后殖民理论研究[M].北京：北京大学出版社，2011：145.
④ 生安锋.霍米·巴巴的后殖民理论研究[M].北京：北京大学出版社，2011：141.
⑤ 佛克马.走向新世界主义[J].王宁，译.马克思主义与现实，1998（6）：37.
⑥ 佛克马.走向新世界主义[J].王宁，译.马克思主义与现实，1998（6）：38.
⑦ 梅里亚姆.音乐人类学[M].穆谦，译.北京：人民音乐出版社，2010：13.

体现着"跨文化"的特性。西方管弦乐团早在20世纪的文化杂糅过程中就加入了中国大锣（如柴可夫斯基的《第六交响曲"悲怆"》）、木鱼（如梅西安的《图朗加利拉交响曲》）、梆子（如瓦列兹的《多棱》）等中国乐器；① 中国的民族管弦乐团历经百年"杂糅"流变基本确定的编制中同样也有着定音鼓、管钟、马林巴等西洋乐器的身影。霍米·巴巴曾指出"杂糅""是一种新的跨文化形式"②，脱胎于"文化杂糅"的民族管弦乐至今仍存有借鉴西方管弦乐团的痕迹，这一常常被视为缺憾的特质却从另一层面弥补了过去音乐传播活动中"接受程度"的缺位。由于自身的"杂糅"身份，民族管弦乐得以成为中西方音乐交流传播的一种媒介。

2021年，苏州民族管弦乐团获得奥地利音乐剧院"国际交响乐团奖"，成为世界上首个获此奖项的非奥地利本国乐团。颁奖方盛赞他们"用交响乐的语言讲好中国的故事、使中西乐器的和声展现出绚丽的音色"③。中西融合、独具特色的中国民族管弦乐团荣膺"国际交响乐团奖"，让我们完全有理由相信民族管弦乐这一迥异于西方管弦乐与中国传统音乐的音乐形式在基于审美经验创造世界语言的同时，正肩负着跨文化传播的重任。

## 四、结语

民族管弦乐作为一种中西"文化杂糅"的产物，其百年发展历程见证了"杂糅"流变：20世纪初，大同乐会在"被动改造"中产生"杂糅"萌芽；20世纪中叶，以彭修文与中国广播民族乐团为代表在"主动创造"中确立"杂糅"；改革开放后，"新潮音乐"立足中西文化将"杂糅"推向更深层次；21世纪，全球互联下"杂糅"的加速又引发了"杂糅"的边界问题。

百年来，围绕"杂糅"的争议未休，这是基于生成"民族管弦乐"的两种母体文化——中国传统音乐和西方管弦乐——各自的立场而言的。但实际上，"民族管弦乐"作为特定历史条件下由"文化杂糅"所生成的"第三空间"，在其中找寻原初性的文化特质并无必要。在文化交往愈发密切的当下，音乐家们开始在民族管弦乐中构建"世界想象"，这种由"杂糅"带来的想象本质上指向跨文化，蕴含着他们对于世界范围内诸

---

① 沈旋，梁晴，王丹丹.西方音乐史导学[M].上海：上海音乐学院出版社，2022：278-279.
② 生安锋.霍米·巴巴的后殖民理论研究[M].北京：北京大学出版社，2011：116.
③ 冯晓丹.苏州民族管弦乐团和彭家鹏双双荣获"2021年奥地利音乐剧院奖"[EB/OL].（2021-08-04）[2023-03-02］.http://gjzx.jschina.com.cn/21166/202108/t20210804_7179136.shtml.

种音乐都应在文化交往中拥有一席之地的美好期望。从这个角度而言，民族管弦乐实际上已经成为当下跨文化传播的重要媒介。

**作者简介：**

向远航，中国传媒大学艺术研究院在读硕士生。主要研究领域：音乐传播、艺术传播。

# 中国式现代化背景下的社会美育

## ——以成都艺术展览与"公园城市"理念的双向构建为例

怀 康 张 慧

**摘 要**：艺术展览和城市公园是社会美育的载体，成都成功将艺术展览形式与"公园城市"发展理念相结合，通过空间的双向构建，极大地拓展社会美育的空间与教育的对象范围。作品展示与社会美育相结合，不仅使展馆美育突破了展馆围墙的限制走向社会，也让社会美育的力量突破了限制进入艺术殿堂，两者共同整合其教育资源，形成教育影响力，拓展展馆美育空间，实现展馆美育与社会美育的共生与联动。艺术展览与"公园城市"的双向构建共同造就了成都城市的艺术氛围与生活美学，它们将中国传统文化与世界文化、地域文化与全球化文化、自然生态与人文艺术、城市文化与城市精神、瞬间与永恒、文明与野蛮等时代话题以艺术展览的形态表现出来，用视觉语言体现中国精神以及中国对时代的思考。

**关键词**：艺术展览；公园城市；社会美育

21世纪以来，中国的城市化发展迅猛，"地产式空间"使城市千城一面，如何使日渐拥挤的城市居住环境与人民逐步提高的美好生活追求相同步，成为城市建设发展中各行业者共同关注的热点问题。近年来，国家对成渝地区发展的高度重视，使成渝双城成为打造高品质生活宜居地的新阵地，成都更是成为首个践行新发展理念的公园城市示范区。艺术展览和城市公园是社会美育的载体，成都成功将艺术展览与公园城市发展理念相结合，通过空间的双向构建，拓展社会美育的空间与教育的对象范围，通过环境育人的方式，实现社会的文化治理。作品展示与社会美育相互支撑，有效地满足了成都市民的审美需求，传承了城市的文脉，强化了城市的"IP"形象，提升了城市的品牌影响力，成都成为中国公园城市建设发展的样板间。

## 一、以美好生活为追求的成都艺术类展览及城市形象营造

双年展是一个全球性的艺术展览，其具有规模大、学术性强、国际化程度高的特点，同时它更是一座城市政治、经济、文化实力的综合展示。成都自古就是一座文化底蕴深厚，兼具艺术氛围与地域特色的天府之城，自成渝双城经济区确立以来，成都开展了许多艺术类展览与艺术类活动推广，这座城市在浓厚的艺术氛围中被激发出了新的活力。从2021年"超融体"成都双年展将成都的艺术展览活动推向一个高潮开始，成都的艺术展览氛围一直延续，到2023年"时间引力"成都双年展成功举办，成都带给我们又一场视觉盛宴，展现出成都这座城市对艺术与文化的坚持和热情。

"超融体——2021成都双年展"设有9个主题展板，17个平行展览，举办了1次美术馆馆长峰会。此次展览有272位艺术家参展，作品数量更是高达506件，包含了绘画、雕塑、数字媒体、装置等众多艺术品类，是近年来的艺术展览盛会。"超融体"的核心理念便在"融"之一字，展览主题分别是多态共生、家园共栖、智能共振、时潮共燃、生态共度、意匠共鸣、民族共情、美育共线、未然共思。"融"也是"共"。每个主题展板围绕一个学术命题来组建展览内容，并以"共"字统领串联形成有机结构，以此展开对"融"的多维表达。① 成都对公园城市的建设本身就带有"融"的气质，成都时常开展的艺术活动以及成都人自然闲适的生活方式都与主题完美契合，城市与双年展相互成就。

"时间引力——2023成都双年展"开展仅48天就突破了50万观展人次，吸引了全国各地观众。此次展览共开设9个主题，分别是瞬间永恒、瞻星成梦、存在遥望、空间感知、凝视之思、未来考古、大地回声、心之所向、星链计划，关注了文化历史、日常事件、图像意识、疗愈共生、空间体验、艺术科技等话题，② 展览截至2023年11月。来自22个国家的235位艺术家为观众带来了476件展览品，体现出中国城市开放交流的气度。2023成都双年展以"时间引力"命名，旨在表达"时间"是瞬间与永恒的辩证统一这一理念，双年展既继承了历史，又展望了未来，在经典与前沿、在人类与自然的多元对话中，艺术联动城市、联动生活，展现艺术于当代的群星闪耀。③

双年展作为城市的伴生物，其将文化气质与这座城市完美融合。双年展又可以被称

---

① 范迪安.城市伴生——2021成都双年展的策划理路[J].美术研究，2022（2）：4-9.
② 王嘉.青春、运动之美遇见艺术之美 2023成都双年展7月开幕[EB/OL].（2023-05-23）[2023-07-09］.https://baijiahao.baidu.com/s?id=1766643387190778017&wfr=baike.
③ 王嘉.2023成都双年展公共开放首日 观众打卡互动 与艺术沉浸对话[N].成都日报，2023-07-18（7）.

作一个城市的"名片",成都在2021年和2023年的双年展中充分地展现出了自身城市文化与艺术创新交融的新形态,有效塑造了城市形象,双年展不仅为这座城市的生活品质和空间氛围注入了强劲的动力,还让成都获得了足够的吸引力并产生了集聚效应。

## 二、"公园城市"理念与成都艺术空间的双向构建

中国式现代化进程中,城市的发展举足轻重,从借鉴国外的理念与经验到探索属于中国的特色方案——"绿色城市""生态城市""花园城市"等发展概念——中国的城市理论经历了一个迭代的过程。

2018年,习近平总书记到四川视察时,首次正式地提出了"公园城市"的概念,后成都成为全国首个践行新发展理念的公园城市示范区。习近平总书记指示:"一个城市的预期就是整个城市是一个大公园,老百姓走出来就像在自己家里的花园一样。"① "公园城市"从表面解读即"公园"+"城市"的综合,实则不然,它并不是指简单的植树建园,更不是指单纯增加城市的绿化面积,公园城市包括了中国城市目前发展阶段的方方面面。"公"对应公共交往功能,"园"对应整个生态系统,"城"对应人居与生活,"市"对应产业经济活动,② 它是一个需要人类自觉将本身与自然生态相融合的、覆盖整个城市空间的大系统,更是一个富有文化内涵与时代气息的现代化新型城市。这一理论符合当下我国人民对于城市生活的要求与向往,并且适应了人民对美好生活的需要,这是一种环保、生态、绿色、宜居的现代化新型城市理念。

"公园城市"理念,核心是以人民为中心、以生态文明为引领,将公园形态与城市空间有机融合,形成生产生活生态空间相宜、自然经济与社会人文相融、"人、城、境、业"高度和谐统一的现代化城市,即一种全面体现新发展理念的城市发展高级形态,它是指引新时代城市建设的可持续发展模式。③ "公园城市"以人民为中心的主旨,意味着"公园城市"的建设不仅要有物质层面,还要包含精神层面,要打造全方位、多层次满足人民需求的新型城市。因而,既要处理好城市生态环境与居民之间的关系,打造一个健康、绿色、优美的城市环境,形成人与自然和谐共生的新格局,还要构建多元的城市文化氛围与载体,以美学的角度改造城市,传承以美育人的历史底色,使城市居民产生

---

① 成都市发展和改革委员会.践行首提地使命担当 建设"公园城市"先行区[EB/OL].(2020-04-26)[2023-05-03]. http://cddrc.chengdu.gov.cn/cdfgw/ztlm032001001/2020-04/27/content_6e630dc6fc044eb2b029cea81a57c67f.shtml.
② 吴志强,毛其智."公园城市"内涵的研究[R].成都:天府公园城市研究院,2018.
③ 成都市美丽宜居公园城市建设条例(草案)[EB/OL].(2019-11-01)[2023-07-09].http://www.cdrd.gov.cn/website/tzgg/15518.jhtml.

对城市精神的理解与认同,并自觉传承与发展城市文化,推动人与自然、自然与城市、城市与人文、人文与社会等多层面的相互融合,提升城市活力,促进城市居民社会交往和文化传承,塑造幸福生活需要的宜居城市环境。[①]

成都作为国内首个"公园城市"示范区,近几年不断更新思路,探索"公园城市"发展理念,积极开展建设,打造出了一个名为成都的"大公园"。在"公园城市"理念的指导下,成都通过以形筑城、以绿营城、以水润城,将城市全部景观组成一幅疏密有致、气韵生动的诗意城市新画卷,形成具有独特美学价值的现代城市新意象。[②]同时,成都传承优秀特色文化,增加市民生活意趣,使市民生活朝着更加多元、开放且美好的方向前进。

"公园城市"在满足人民对生态环境要求的同时,也带给城市居民更多精神上的享受与满足。成都在建设"公园城市"的进程中不仅重视城市的自然生态,还更关注对文化、艺术的传承与欣赏,将人文艺术与自然景观置于同一时空,用艺术打造公园,以艺术定义城市。以天府艺术公园为例,天府艺术公园主要包含"三湖"和"三馆","三湖"为迎桂湖、荷华湖、芳菲湖,"三馆"为天府美术馆、天府人文艺术图书馆及川剧艺术博物馆。[③]其中,两座展馆是其突出亮点,两馆(A、B)在2019年开工,于2021年与超融体双年展一起映现于观者视野当中。A馆名为天府美术馆,美术馆外形如同绽放的花瓣,流线顺畅,极为美观,为观者带来了极其享受的体验;B馆叫作天府人文艺术图书馆,建筑造型层峦叠嶂,如雪山一般。两馆从外形设计到内在构造均与周围的天府艺术公园完美契合,共同组成了艺术与生态的场域,对艺术展览起到了相辅相成的作用。艺术作品与场馆完美契合,场馆展览与艺术公园交相辉映,为观者带来一幕幕大片般的视觉盛宴。于是,在这里我们能看到艺术品与艺术场馆、艺术场馆与公园、公园与城市自然融合、相互映衬。

在"公园城市"的建设更新中,在一次次艺术展览、艺术活动的开展下,成都与艺术关系愈发密切,城市居民潜移默化、润物无声地受到艺术的熏陶、文化的洗礼,提高了自身的审美意趣与审美能力。艺术与公园、公园与城市、城市与居民、居民与生活渐渐形成一个闭环,艺术与城市的壁垒被打破,艺术与人民之间的距离越来越近。成都"公园城市"以高品位的文化环境和多方位的空间展示,以及自由闲适的人文精神,构

---

① 梁本凡.践行绿色发展新理念谱写"公园城市"新华章——成都美丽宜居"公园城市"建设的创新探索[J].先锋,2019(7):48-49.
② 范锐平.加快建设美丽宜居公园城市[N].人民日报,2018-10-11(7).
③ 闫宇恒,申又佳.成都天府艺术公园初步亮相 国庆节或可"打卡"[N].成都商报,2021-08-23(1).

成了成都新的文化语境。

## 三、"艺术+公园"模式对成都城市文脉的审美化呈现

城市文化是一个城市历史、文化、风俗、艺术、信仰等要素的综合体现，它包罗万象使所有要素相互交融、碰撞然后将其"消化"综合，从而不断地更新迭变，产生具有特色的城市文化。成都是中国的历史文化名城，因其富饶、安定又被称为"天府之城"，其文化、艺术与人文气息浓厚，源远流长；同时，成都亦是当代中国西南地区的文化中心之一。今天成都的城市文化既继承了成都古典传统的城市文化特色，又结合了现代城市文化的元素，它既有在历史文化中沉淀下来的重重魅力，又兼具现代文化的勃勃生机。

成都作为巴蜀文化的中心之一，具有浓厚的地域特色，其处于四川盆地这个特殊的地理环境，形成了水源丰富、土地富饶的生态环境，它易守难攻的地形，使其不易受到各种战乱的影响，所以成都是中国历朝历代人口迁徙的首选地，接纳了来自东南西北的各地人口，并有许多的少数民族迁入城内，这便产生了极强的文化兼容性。蜀文化内含南北文化的集合，先秦到魏晋六朝时期，蜀文化有三个来源：一为荆楚文化，是耕织结合、自给自足的农村公社的文化，其特点是重巫，崇尚自然，诡奇浪漫，以楚辞为圭臬；二是秦陇文化，注重综核名实，讲究耕战和商业；三是中原文化，崇尚周礼，其特点是重史，以诗经为准绳。蜀文化兼容这三种要素而综合成为一种独立的文化，它接受荆楚文化而把楚辞发展为汉大赋；它接受中原文化而使蜀人史学趋于发达；它接受秦陇文化而导致"陇蜀多贾"，工商业繁盛。它在形成和发展过程中，又施影响于巴文化、滇文化和南诏文化。明清之际的"湖广填四川"是上述三地区文化在巴蜀的又一次大汇合。直到抗日战争时期，南北文化在成都还有一次互相渗透和融合，其互相补充与引发，从而构成巴蜀文化特有的风貌。[①] 成都作为蜀地的中心城市之一，其城市文化自然以蜀文化为核心，因而成都的城市文化既有自身地域特色文化，又融合了多种文化的综合性文化，可以说是融汇百家。

这种文化的兼容性在这个全球化浪潮的时代发挥的作用更加鲜明与立体，成为成都特有的城市文化特征。在今天，成都这座城市老城与新区共建、悠闲与进取并存、传统与潮流交织、本土与国际相融，呈现出包罗万象的文化样态，那是一种多维度、多领

---

① 谭继和.成都城市文化的性质及其特征[J].四川大学学报（哲学社会科学版），1998（3）：10.

域、多层次的城市文化，为艺术创作提供了丰富的资源，为艺术发展提供了良好的条件。① 在成都的文化兼容性为文艺发展提供良好的土壤的同时，越来越多的文化与艺术，各种不同的认知融入城市文化，又推动了城市文化的更新，使其始终保持生命活力。而城市文化的与时俱进又是一个城市更新发展的根基，为城市提供源源不断的动能。

不但如此，成都城市文化的兼容性还造就了成都文化样态的多元化，形成了成都对于文化的接受、鉴赏以及消费都非常开放包容的态度，并且市民对于文化与艺术也有极高的接受性、容纳性与共生性，这表现在成都城市更新，以及成都城市居民生活的方方面面。在发展"公园城市"的背景下，小到衣食住行，大到城市建设，成都都生动地将文化、艺术融入城市居民点点滴滴的日常生活当中。例如，大家熟知的成都 IFS 国际金融中心那只著名的屁股朝着春熙路的大熊猫，原是劳伦斯·阿金特设计的准备展览一年半就撤掉的临时装置艺术，没想到其深受成都市民喜爱，迅速成了"网红"，如今已是成都现代都市"门面"一般的"IP"形象。这只大熊猫在成都掀起了一股公共艺术风潮，在街头各式各样的熊猫激烈"内卷"，有展会熊猫、植物熊猫、门神熊猫、公交站台的运动熊猫等等。成都 IFS 的熊猫走红虽然不乏运气的因素，但其本身的艺术性也是可圈可点的，形态、姿势跟建筑配合得严丝合缝，体量和审美拿捏到位，符合了当下成都人对于能代表成都形象的艺术形式的期许，开创了当代雕塑与建筑产生互动并收获成功的国内先河。此外，成都地铁中的艺术墙，成都市内的桥梁（如天府立交、安顺桥廊等 78 座桥梁），天府艺术公园的建设，成都双年展的开展等，均将文化接受、文化欣赏、文化消费的场景嵌入整个城市系统，营造出高品质的生活空间，在不知不觉中提升居民的审美意识。

成都将艺术文化、生态环境、城市三者连接成一个大的系统，既相互贯通又相对独立，将整个城市作为大的公园开展城市建造。在对城市构建的过程中，成都将艺术、文化与城市的界限打破，不再拘泥于以往单调的文化、艺术传播形式，而是发展多元化的总体布局，延伸出新型的城市艺术、城市文化，彻底将艺术文化融入公园当中，包入城市之下，以更加包容开放的姿态打通与世界文化接轨的桥梁。此外，成都还注重城市居民对城市文化的自主参与性以及体验感，服务人民，融入公众，达到日常生活审美化，艺术审美日常化，展现成都的城市文化，传承成都的历史文化，容纳世界的优秀文化，营造出良好的城市气氛美学，展现出生活美学的智慧。

从"城市中建公园"到"公园中建城市"，我国城市建设的道路虽艰难漫长，但始

---

① 范迪安. 城市伴生——2021 成都双年展的策展理路[J]. 美术研究，2022（2）：4-9.

终以人民的需求为核心，为人民打造美丽家园。以生态自然与人文艺术相融合的构建模式，挖掘生活美学，塑造诗意的栖居，展示"各美其美、美人之美、美美与共"的美学新形态，真正地打造出"城在园中，城园互融"的城市环境，让城市成为宜居、宜观、宜行、宜游，满足城市居民美好幸福生活的新空间。

城市、市民、艺术、展馆之间的传统关系，被"公园城市"模式打破，彼此之间不再有明显的墙体分界线。从某种意义上讲，公共艺术展览就像是实体世界中的视频内容，公众路过参观，虽然表面看起来是"你站在桥上看风景"，但群众的参与也是整个艺术品的一部分，你也装饰了别人的风景。当然，也可以借鉴线上视频的点赞、投币等互动环节，让公众观展体验变得更加完整。

## 四、结语

成都将艺术展览形式与公园城市发展理念相结合，二者双向构建，把作品展示与社会美育结合起来，不仅使展馆美育突破了展馆围墙的限制走向社会，也让社会美育力量突破了限制进入艺术殿堂，两者共同整合其教育资源，形成教育影响力，拓展展馆美育空间，实现展馆美育与社会美育的共生与联动。成都的"公园城市"建设实践实现了彰显地域特色，促进国际艺术传播及交流，体现民族文化自信，将城市公共空间塑造成传承文化、欣赏艺术、展示精气神的艺术综合体。艺术展览与"公园城市"共同造就了城市的艺术氛围与生活美学，它们将中国传统文化与世界文化、地域文化与全球化文化、自然生态与人文艺术、城市文化与城市精神、瞬间与永恒、文明与野蛮等时代话题，以艺术展览的形态表现出来，用视觉语言体现中国精神以及中国对时代的思考。

**作者简介：**

怀康，男，1982年生，山东邹平人，设计学博士、艺术学理论博士后。现为山东理工大学教授，硕士研究生导师。研究方向：环境设计及其理论。

张慧，女，1998年生，山东沾化人，山东理工大学美术学院2022级硕士研究生。研究方向：美术教育。

# 月令的时间观念与月令图的文化意涵*

程波涛  冉巧玉

**摘　要**：月令的形成和发展过程，一定程度上也是中国古人把握事物在时空中变化发展的认知过程。在我国的传统社会中人们的生产生活等方面深受天人合一观念和月令文化制度的影响，由此也衍生出月令文、月令诗、月令图等诸多文化事象。传统月令图源自对"十二月令"文化的图像化表达，因此，探讨月令图中的时间观念及其意涵时，自然也绕不开与中国传统历法相关的月令文化。本文试图从古代历法的时间性这一视角分析月令图，以期进一步认识月令中存在的时间观念，进而探讨古代画学对月令的表达。通过认识由"四时"绘画发展而来的"月令"组画，了解月令图中外显的形式结构和内在的人文内涵。

**关键词**：月令；月令图；四时；历法；时间观念

## 一、月令的时间观念

史学家柳诒徵曾言道："古人立国，以测天为急。"月令起初与明堂的关系紧密[①]，是王官时代的时间表述方式。民俗学家萧放先生曾在《明堂与月令关系新证》一文中指出，"明堂与月令有着密切的时空配合关系，楚帛书所描绘的楚地月令图像结构是古代时空观念并置的有力物证"。中国古代的确存在过明堂或者类似明堂的祭祀施政的特殊场所，事实上明堂就是古代观天取象、模仿天象的建筑之一。《易·系辞》："天垂象，见吉凶，圣人象之。"《尚书·尧典》："乃命羲和，钦若昊天，历象日月星辰，敬授人时。"圣人通过树立表木、测定日影的方式确定季节的变化，掌握四季变化的规律，并作为整顿历法的依据，从而根据天象的变化预测政事。如果天象偏离，则纠正历法，使

---

*  基金项目：本文系国家社科基金艺术学重大课题"中华传统艺术的当代传承研究"（19ZD01），内蒙古社会科学基金项目"内蒙古非物质文化遗产系统性保护的实现路径"（2022CY14）的阶段性研究成果。
① 见《礼记·月令》记载每月天子所居明堂位置。在帝王明堂制度下，流动的自然时间转变为国家政治与社会人事的活动指南与时间规范。

混乱转向秩序。由此可见，月令是中国古代影响深远的文化创造，而记录月令则是古代社会治理中的重要事项。汉武帝之后，古人不仅整理了前代的月令，而且明确将月令作为国家政治与人事活动的指南和规范。

时令变动不居的流动性无疑是一切事物所具有的普遍特征。"物其有矣，唯其时矣。"① "天地合而万物兴焉。"② "天地不合，万物不生。"③ 古代按季节制定农事的政令称为"时令"。"时令"类文献包含时和令两个方面，"时"指天象物候，而"令"则指官法政令。《国语·楚语上》申叔时所谓"九艺"中就有"令"："教之令，使访物官。"韦昭注："令，谓先王之官法时令也。"④ "时令"类文献是农业社会生产经验的总结，传世的篇章有《诗·豳风·七月》和《淮南子·时则》等。从《礼记·月令》等文献来看，先秦时期人们的生产、生活及其他活动对自然节令有着高度的依赖性。

"月令"一词，本指依照十二个月颁布的政令。最早记载"月令"的文献尚未断定，主流的说法是可追溯到成书于春秋时期记录夏代历法的《夏小正》，后有收入《礼记》的《月令》。据杨宽《月令考》研究，《诗·豳风·七月》是西周时代豳地农民所作的按时令进行农事与生活的诗歌；《夏小正》是春秋时期以农事为主的月历；《礼记·月令》是战国后期阴阳五行家为即将出现之统一王朝所制定的行政月历，其分月记述气候与农作物的生长、发展、变化的关系，相应地制定优化管理生产活动的各种政策措施，并规定天子每月应办之大事。⑤

月令的形成和发展过程，一定程度上也是人们认知和把握事物在时空中变化发展的过程。《礼记·月令》依据天象观测太阳运行所至的二十八星宿位置，总结出一系列成熟的自然规律和人文节律，并曾颁布相应的政令，用以指导和调节人类的生产生活。以《孟春纪》为例，"孟春之月，日在营室，昏参中，旦尾中。" "天子居青阳左个" "命相布德，和令，行庆，施惠，下及兆民。"天子在此月需颁布正确的政令，如"乃命太史守典奉法"负责观测天上日月星辰的运行，对于它们运行所经过的位置观测不得有差错，运行度次的记载不得有失误。同时"天气下降，地气上腾，天地和同，草木萌动"。"命乐正入学习舞。乃修祭典，命祀山林川泽，牺牲毋用牝。"规定乐正到大学教习舞蹈并修订祭礼，祭祀山林河湖且祭祀用的牺畜不得是雌性的。"是月也，不可以称兵，称兵，必天殃。兵戎不起，不可从我始。"此月不宜采取军事行动，举兵必遭天殃，即使是在不得不

---

① 沈泽宜.诗经新解[M].上海：学林出版社，2000：270.
② 陈澔集.礼记·郊特牲[M].上海：上海古籍出版社，2016.
③ 杨思贤.孔子家语·大婚解第四[M].郑州：中州古籍出版社，2016.
④ 上海师范大学古籍整理组.国语[M].上海：上海古籍出版社，1988：528-529.
⑤ 杨宽.杨宽古史论文选集[M].上海：上海人民出版社，2003：463-510.

采取军事行动的情况下，也不能主动采取攻势。"毋变天之道，毋绝地之理，毋乱人之纪。"每个月段后文中必提醒天子谨慎行政，不得错颁月令，一旦当月所颁布的政令与季节不适宜，则意味着社会生产生活将会出现危机。"孟春行夏令，则雨水不时，草木蚤落，国时有恐。行秋令，则其民大疫，猋风暴雨总至……行冬令，则水潦为败……首种不入。"①正所谓"故天有时，人以为正""天何言哉，四时行焉"②"不知四时，乃失国之基"③。如果不能合理把握"四时"运作的规律或违背天时，将不利于国家的发展与稳定。

萧放先生在《天时与人时——民众时间意识探源》一文中分析民众时间意识的起源，认为自然时序、原始宗教信仰以及社会生活节奏三大要素构成了民众的时间观念。④月令不仅是国家王权所强制颁布的政令，而且指导民众生活和影响民众生产的时间观念。古人在人事活动方面深受"天人合一"观念和月令文化制度的影响，由此也创造出月令文、月令诗、月令图等文化事象。尤其是月令图，它对我们认识和挖掘古代月令文化内涵，以及领悟古人时间观念和生活观念等方面都具有极为重要的意义和价值。而梳理月令图的源起和流变，更便于把握月令图中潜涵的时间观念与文化意涵，同时也有助于加强对月令图艺术价值的认知和再发现，裨益于中华优秀传统文化、中华现代文明的传承与发展。

## 二、从"四时"画论到"月令画"的创作

现今我们所理解的月令图通常涵盖两重意指：一种指古代图书（图经），另一种则是指根据不同的月令内容所绘制的相关图像。当月令图指古代图书时，例如《夏小正》这样的月令典籍，以"观象授时"为原则，天象为其历法之本，其中充斥着大量的天文内容。古代天文典籍中的部分天文意涵往往不少就是以图经的方式来传达的。因此，早期的月令图也多以图画的形式出现和流传。作为月令的图式在上古时期主要是由太史掌管，春秋战国之后由于战乱纷起，天子失宫，许多图法因保护不当难免失传颇多。

另一种月令图具有"图像"之特质，其将"月令"作为绘画母题，观之一目了然，用之文意焕然。宋杨甲《六经图》序云："古之学者，左图右书，索象于图，梭理于书，故其意可陈，其数可纪，举而厝之，如合符契。"⑤自古盖图与书相资并用，其理不然。

---

① 杨天宇.礼记译注[M].上海：上海古籍出版社，2016：217—221.
② 孔丘.论语·阳货[M].扬州：广陵书社，2018：68.
③ 管仲.管子·四时[M].北京：北京联合出版公司，2017：83—84，89.
④ 萧放.天时与人时——民众时间意识探源[J].湖北大学学报（哲学社会科学版），2004（5）.
⑤ 杨甲.六经图[M].上海：上海古籍出版社，1987：139.

"凡书所不能言者，非图无以彰其行形；图所不能画者，亦非书无以尽其意；尤以烦碎之仪文，如再得图以实之，使读者按图以求其说，似更简易省力。"① 聂崇义在其《三礼图集注》序言中云："九经，礼居其三，其文繁，其器博，其制度古今殊，学者求其辞不得，必为图以象之，而其义始显，即书以求之，不若索象于图之易也。"② 现存的作品中多有涉及对某个单独岁时节令进行描绘的节令图，此类图像自明清时期才开始普遍用于画名，主要是集中呈现岁时活动的内容。如表现元旦的《岁朝图》《三阳开泰图》，表现立春的《春牛图》等。自然界中的植物会在不同月份吐露芳蕊，例如一月梅花、二月杏花等。正月赏花灯、五月赛龙舟……各种与时序相对应的活动也日渐出现在人们的日常生活中。

月令的概念最初是由"四时"的时间观发展而来，但在现存的图像资料中，真正完整描绘十二月节令的月令图的存世作品不多。学者施錡《从"四时"到"月令"：古代画学中的时间观念溯源》一文考辨了中国古代画学中存在的时间观念，指出最初的时间观念体现在"四时"组画的唐代，随后大行其道于五代两宋。东晋画家顾恺之作《神情诗》言："春水满四泽，夏云多奇峰。秋月扬明辉，冬岭秀孤松。"③ 最早明确载录"四时"的画论，是王维所作的《山水诀》："凡画山水，须按四时。"④ 宋代《宣和画谱·花鸟叙论》云："故诗人六义，多识于鸟兽草木之名；而律历四时，亦记其荣枯语默之候。所以绘事之妙，多寓兴于此，与诗人相表里焉。"⑤ 五代两宋的"四时"画成为时尚，不仅隐晦出现在许多画题中，且画论所载录也能与之相印证。比如，《林泉高致》中写道："春山澹冶而如笑，夏山苍翠而如滴，秋山明净而如妆，冬山惨淡而如睡。"⑥ 根据郭若虚《图画见闻志》中的记载，五代至北宋的荆浩、关仝、黄筌、王士元、李成、范宽、刘永、王端等都曾画过"四时山水"。

在早期文献中，零散可见的"月令"母题在明代前大多出自礼制、农事或养生图经，偶有一个案即传南宋夏圭所作《月令图》（疑为明初之作）。不过，从《石渠宝笈三编》来看，其主要内容是"七十二候"，仍囿于农事范围之内⑦。《石渠宝笈三编》中载录一册传南宋夏珪所画《月令图》："本幅四册，每册十八对轴。右画左诗。"⑧ 南宋於

---

① 乔辉.历代三礼图文献考索[M].北京：中华书局，2020：3.
② 聂崇义.三礼图集注[M].上海：上海古籍出版社，1987：59.
③ 欧阳询.艺文类聚[M].上海：上海古籍出版社，1982：42.按：该诗为"摘句"，全诗已佚失.
④ 王维.山水诀[M]//卢辅圣.中国书画全书（第1册）.上海：上海书画出版社，1993：176.
⑤ 内院奉敕.宣和画谱[M].杭州：浙江人民美术出版社，2012：161.
⑥ 郭熙著，章宏伟主编.林泉高致[M].郑州：中州古籍出版社，2013.
⑦ 施錡.从"四时"到"月令"：古代画学中的时间观念溯源[J].美术学报，2016（5）.
⑧ 英和，等.石渠宝笈三编（第12册）[M]//张照.秘殿珠林石渠宝笈汇编.北京：北京出版社，2004：4385-4395.

潜县令楼璹根据农事纪要组织绘制了《耕织图》（共45幅），其中，耕图21幅，织图24幅。该图的主要叙事方式是"农事为序"，每幅图画配以相应的《耕织诗》。另外，在表现花草植物方面，宋代还有依据时序变迁所绘制的《百花图卷》。

就传世作品和载录来看，目前流传最广泛的月令图多在明清两个朝代。"月令"作为一种时间观念进入艺术史，始于明代画家吴彬（活动于16—17世纪），其《月令图》和《岁华纪胜图》均是以十二月令为叙事结构的绘画。①《石渠宝笈续编》载吴彬《岁华纪胜图》一册，现藏于台北"故宫博物院"，"设色界画一年胜赏，各标题（篆书）：一元夜、二秋千、三蚕市、四浴佛、五端阳、六结夏、七中元、八玩月、九登高、十阅操、十一赏雪、十二大傩。每幅分钤印吴彬之印、吴文中氏、文中彬"②。此外，绢本十二幅的《月令图》现今同《岁华纪胜图》一起收藏于台北"故宫博物院"。至清代，围绕"十二月令"这一母题的创作已十分成熟。活动于雍正、乾隆年间的画家陈枚所作的《月曼清游图册》便是依据"十二月令"的特点来集中表现身处宫廷的上层社会女性的绘画。

任何一种图式的产生和发展都离不开其所根植的社会文化土壤，绘画中岁时节令的表达自然也与其文化沃壤密不可分。传统历法的时间叙述方式有"四时""八节"等，"四时"又为其中之首，是文献溯源中出现最早以及实际生活中出现最早和应用最广的说法。诚如学者施錡所认为的，若仅就早期形成的"四时"概念来叙述时间、表现世间万物的流变，从某种程度上来说较为笼统，以至于无法生动详细地体现出中国古代人民对时间与生活关系的深刻领会。将"七十二候"作为品味时间节令的条例渠道虽更显详尽，但多与物候有关，内容中对老百姓现实生活的描绘并不十分翔实。相反，"十二月令"作为传统文化中的时间叙述方式之一，以一年中的每个月为单位，更能详细又恰当地表现具体的日常生活。

## 三、月令图所承载的文化意涵

从夏朝发展而来的中国传统历法制度是以阳历记农时、阴历记年月的阴阳合历。历法的排序结构从"四时"发展至"七十二候"得益于对天时万物的观察和有所求的现实意愿。《中国节令史》一书提出了"明清岁时年节多变而趋定"③。学者张家国在研究

---

① 施錡.从"四时"到"月令"：古代画学中的时间观念朔源[J].美术学报，2016（5）.
② 英和，等.石渠宝笈初编（第2册）[M]//张照.秘殿珠林石渠宝笈汇编.北京：北京出版社，2004：433.
③ 李永匡.中国节令史[M].北京：文津出版社，1995：252.

古代物候学时也认可这一观点，他认为利用"物候"占卜之风在明清时期开始走向衰落①。因此，真正意义上的月令图盛行于明清时期。吴彬《岁华纪胜图》和《月令图》的相继诞出，文震亨记载的"悬画月令"②受汉代以来顺时镇物思想的影响，人们在十二个月里有规律地进行祈福和厌胜，具有浓厚的世俗生活气息，此类月令文化的成熟更是明人观照现实生活的体现。

月令图发展至清代以"十二月令"行乐图居主流，典型代表有清院画《十二月令图》、吴彬的《月令图》和《岁华纪胜》等，重点描绘每个月的典型节令风俗。除此之外，现藏于故宫博物院的《雍正围屏美人图》虽并非明确以"十二月令"为划分而作，但对照明代屠本畯、程羽文等人著作中有关花月令的记载，其每幅画所配饰的植物皆明显参照了月令序列各色花卉，体现了花卉随着月令变迁的自然规律。

据乾隆元年（1736）十一月《活计档》的裱作载录："十四日员外郎常保来说太监毛团传旨，十二个月绢画十二张，着托裱轴子，其尺寸绫俱要一样做法，钦此。"③可以看出，现存于台北"故宫博物院"的清院本《十二月令图》始创乾隆元年，作品将一年中的每个月视为一个时间整体，每个月分别对应不同的节令活动。而清雍正年间创作的《雍正十二月行乐图轴》则是以十二幅贴落的形式来表现一整年的时间观念。二者在创作理念上有着一定的区别，学者陈韵如认为，这一时间观念的转变是受当时西方传入并流行一时的自鸣钟的影响，自鸣钟以刻度为时间参考单位，而乾隆年间本土化后时间观念表达融入了中国社会早年间已形成的对万物相惜思想的精髓，其更注重深入时间流变对于生活实质的影响和变化。④清院本的十二月令图轴曾经悬挂在乾隆皇帝的宫廷内部，随着月份的更新依次更换相对应的节令图像。观赏者在欣赏每个月的景致时，仿佛也感知到了画面中的种种活动。

我们能从清院本《十二月令图》中看出，月令图在实际功能及用途上与早期作为古代图书产生的月令（图经）有相似性。在古代，图经形式的月令通常由太史掌管，作为政教之令供万民学习，就算是天子也会将其悬挂于宫殿以供参考天意，同理于前文所述的天子在对应月份需颁布正确的月令以更有效地治理国家。在月令图盛行的明清时期，其被视为一种实用性的装饰绘画悬挂在宫廷中，且每月更换。《汉书·天文志》记载："凡天文在图籍昭昭可知者，经星常宿中外官凡一百一十八名，积数七百八十三星，皆

---

① 张家国.神秘的占候：古代物候学研究[M].南宁：广西人民出版社，1994：165.
② 文震亨.长物志[M].杭州：浙江人民美术出版社，2011：83-84.
③ 中国第一历史档案馆，香港中文大学.清官内务府造办处档案总汇（第7册）[G].北京：人民出版社，2005：170-171.
④ 陈韵如.时间的形状：《十二月令图》研究[J].故宫学术季刊，2005，22（4）：113.

有州国官宫物类之象。"① 这些图画式的月令，通常会悬挂在象魏②上，作为政教之令供万民学习。《周礼·天官·太宰》曰："正月之吉，始和，布治于邦国都鄙，乃县（悬）治象之法于象魏，使万民观治象。"③ 这些象魏上所悬挂的治象之"法"就是图书。古代的图书被称作"法"，也称"图法"。《吕氏春秋》中的两则故事可以说明图法与政权的关系。其一，"夏太史令终古出其图法，执而泣之"，夏朝末年，夏桀执政昏乱暴虐，太史令希望通过图法上的旧章教令来劝诫夏桀，但劝诫无效后"太史令终古乃出奔如商"，于是终古带着王朝的旧章图法选择投奔了商王。其二是商朝末年，"殷内史向挚见纣之愈乱迷惑也，于是载其图法，出亡之周"。同样也是带着商王朝的旧章图法投奔了周王④。两个故事中的"图法"不仅是先王圣哲留下的教令旧章，而且象征着天命的正统。

中国传统历法在历史上也经受过权力的挑战，伴随晚清民国移风易俗声音而来的是南京国民政府对传统历法的民俗价值和社会惯性影响的低估。为倡导新风尚，国民政府曾利用过激的手段强制推行国历运动，用西方的公历取代中国旧历，企图彻底结束历法一直以来的阴阳并行二元格局。显然，一系列取缔旧历节令的做法并不能在中国取得成功，甚至一度引起民众的不满，导致民间和政府在历法问题上的矛盾越发尖锐。

## 四、结语

纵观传统社会中表现月令的图像，不难发现，画面中所营造的历史空间、政治空间和情感空间，不止于对生活的粗疏复制和苍白表达。它通过视觉审美享受使人们加深对生活的理解，把过去的人文关怀记录在可视的图像上，让我们通过凝视过去产生共鸣，跳出仅有的文献资料，感受古人在对时间的观照中所蕴含的智慧。时至今日，随着绘画表现内容的拓展，"月令"主题的绘画逐步进入美术史研究的范畴，我们不难发现其特定文化功能与艺术价值也值得今人深入挖掘和探讨。随着二十四节气被列入人类非物质文化遗产项目名单，作为中华优秀传统文化的节气、节令文化备受世人瞩目，而承载着丰富的节气、节令文化内涵的节令图，如何进行创造性转化和创新性发展，从而滋养当代人的精神生活，提升当代人的审美情趣，丰富当代人的文化内涵，值得当代美术工作

---

① 班固. 汉书·天文志[M]. 北京：中华书局，2005：62.
② 象魏，类似现今的报刊杂志。
③ 郑玄注. 周礼·天官·太宰[M]. 上海：上海古籍出版社，2010：89.
④ 吕不韦. 吕氏春秋·先识览[M]. 长沙：岳麓书社，2015：102.

者、美术学者深思和追寻。

**作者简介：**

程波涛，安徽利辛人，安徽大学教授。主要研究方向：美术史论、艺术理论、民俗艺术。

冉巧玉，重庆人，安徽大学艺术学院在读硕士。主要研究方向：美术史论。

# 中国传统造型艺术传播生态的层次结构分析*

孙玉明　荣雷雷

**摘　要**：中国传统造型艺术经过长期的发展逐渐形成了丰赡的艺术体系，积淀了深厚的文化底蕴，成为我们珍贵的文化艺术宝藏。为了更好地传承与弘扬中国传统造型艺术，对其传播环境的分析就显得尤为重要。将传播生态学的相关理论引入中国传统造型艺术传播生态的剖析，可以发现其传播生态主要由内层的本体传播生态、中层的媒介传播生态，以及外层的社会传播生态三个层次构成，并且三者始终处于趋于平衡的动态演变之中。明确中国传统造型艺术的传播环境构成，对于调适其生存状态和增强其艺术生命力具有重要的理论价值与现实意义。

**关键词**：中国传统造型艺术；媒介；传播生态学

中国传统造型艺术是我国优秀传统文化的重要组成部分之一，有着鲜明的地域特色和民族艺术风格。中国传统造型艺术自成体系，是数千年文化积淀的结果，是与民族素质相联系的。从它的内部——绘画、雕塑、工艺、建筑、书法，我们可以看出其共性；同样，它与民族的其他文化如文学、戏曲、音乐、杂技以及武术、医药等，也有着相通的内蕴。① 中国传统造型艺术经过长期的发展逐渐形成了丰赡的艺术体系，积淀了深厚的文化底蕴，成为我们珍贵的文化艺术宝藏。中国传统造型艺术的传承和延续与其传播活动密切相关，而不同的时代构建了不同的传播环境。从人类最初的口语媒介、文字媒介到印刷媒介、电子媒介，直至今日丰富多彩的数字媒介，媒介一直处在不断发展与演变的动态进程之中。伴随着媒介的变迁，中国传统造型艺术的传播模式也从最初的"面对面"实物展示转向大众传播媒介下的远距离传播。在信息技术不断进步、媒介形态日新月异的当下，中国传统造型艺术所处的媒介环境变得更为多样和复杂。同时，与之相关的政治、经济、文化等外在因素，也在一定程度上影响着中国传统造型艺术的生存状

---

\* 基金项目：本文为2020年度教育部人文社会科学基金"东北'三少民族'传统木工艺的挖掘、整理及数据库建设研究"（20YJC760090）、吉林省教育厅"十三五"社会科学重点项目"吉林省传统美术类非物质文化遗产的虚拟展示与数字化传播研究"（JJKH20200129SK）的阶段性成果。

① 张道一.造物的艺术论[M].福州：福建美术出版社，1989：4.

态与发展走向。因而，引入传播生态学的相关研究理论，对中国传统造型的传播环境加以分析，对于传承与弘扬传统造型艺术，增强其艺术生命力，具有重要的理论价值与现实意义。

## 一、传播生态学的研究历程

传播生态学（Ecology of Communication）在其词语构成上已经表明与传播学、生态学之间有亲缘关系。因此，对于传播生态学的直观理解就是利用生态学的相关理论与方法去探讨和分析传播现象或媒介问题。一般认为，"生态学（Ecology）"一词最早由德国动物学家海克尔于1866年提出。"Eco"源于希腊语，指"自然"或"家园"，"logy"意思是"学问"，因此在原义上，"生态学"是研究生物生存环境及其相互关系的学问。海克尔用"生态"一词指自然环境中各种因素的相互作用，特别强调这种互动如何产生一种平衡和健康的环境。[①] 生态学的产生源于工业革命之后，现代工业肆无忌惮地高歌猛进所产生的环境危机。日趋严重的生态问题，引发了西方理论界的深刻反思，社会学、人类学、哲学等众多学科纷纷引入生态学的视角重新审视自身。而面对信息技术的快速发展与层出不穷的新媒介，以及媒介与人文、媒介与社会、媒介与媒介之间所产生的种种压力与冲突，生态学介入传播学的相关研究成为顺理成章之事。传播生态学作为传播学领域的一个新兴的研究方向，其学术内涵与定位常常表现出一定的模糊性。在不同的研究语境中，"传播生态"常常与"媒介生态""媒介环境""传媒生态"具有相似或相近的含义。"国内外传播生态研究的历史也主要是从媒介生态研究开始并逐渐扩展开的。"[②]

### （一）国外传播生态学的研究历程

国外关于媒介生态学的研究起源于北美，主要有加拿大的多伦多学派和美国的纽约学派。多伦多学派以哈罗德·伊尼斯和马歇尔·麦克卢汉为早期代表。伊尼斯是最早将传播媒介与社会结构形态相联系的学者之一，他聚焦于传播媒介技术在人类文明发展历程中所起到的重要作用，提出了媒介偏向理论。在强调媒介对人类及社会文化具有重要影响的同时，他还对不同媒介所特有的传播偏向加以分析。伊尼斯的很多传播学思想都对麦克卢汉产生了一定的影响，只不过麦克卢汉采用了另外一种视角来对媒介加以分

---

① 单波，王冰.西方媒介生态理论的发展及其理论价值与问题[J].新闻与传播研究，2006（3）：2-13，93.
② 李颖.传播生态研究的历史发展与意义[J].传媒观察，2013（11）：31-33.

析。麦克卢汉将研究重点放在了媒介对人类感知平衡的影响上。基于"媒介是人体的延伸""媒介即讯息"等观点，他认为每一种新媒介的产生，都会引入一种新的尺度，进而形成一种新的媒介环境，并对人类社会产生深刻的影响。从伊尼斯到麦克卢汉，媒介生态学的思想逐渐显露出来。

纽约学派尼尔·波兹曼使媒介生态学真正成为一门显学。"20 世纪 60 年代晚期，当尼尔·波兹曼在纽约大学开创媒介研究课程时采用媒介生态这一术语后，它才转变为代表一种媒介研究中用于正式学术领域的专有名词。"[①] 波兹曼将媒介生态学定义为"媒介作为环境的研究"（The study of media as environments），提出媒介本身可视为一种环境结构，并将对我们的社会环境产生影响。波兹曼主要考察媒介技术环境对人类感知、理解、情感与价值的影响，并带有明显的媒介批评色彩。他在《童年的消逝》中，控诉电子媒介使印刷媒介所创造出的童年逐渐消逝；在《娱乐至死》中，波兹曼认为我们的生活正在被电子媒介包围，而我们生存在充满各种感官刺激、欲望的庸俗文化之中，这一切的始作俑者正是由愈加泛滥的各种电子媒介所构建的信息环境。

20 世纪 80 年代后，越来越多的学者加入了媒介生态学的研究。比如约书亚·梅罗维茨，他在《消失的地域——电子媒介对社会行为的影响》一书中提出：电视等电子媒介通过改变社会情境进而影响人们的行为方式，使多种情境、人群产生合并。随着探讨逐渐深入，相关研究成果逐渐丰富起来。大卫·阿什德在 1995 年出版的《传播生态学——控制的文化范式》一书中提出："在最宽泛的意义上，传播生态指的是信息技术的结构、组织和易接近性，各种论坛、媒介和信息渠道。"[②] 在阿什德看来，传播生态就是由信息技术媒介所构建的传播行为发生的具体环境，信息技术的快速进步使各种信息变得更加开放和易得，而这种环境在不断成熟与扩张之后将会对现实环境施加影响。2002 年，《新泽西传播学杂志》出版了由林文刚担任主编的《媒介生态学的学术渊源》，其对之前的媒介生态学研究进行了较为系统的总结与反思。

## （二）国内传播生态学的研究历程

虽然传播生态学的研究起始于国外，并且其名称在一定程度上也可看作舶来品，但国内关于传播生态学的研究却在一定程度上保持着学术独立性。一般认为，国内的传播生态学研究源于相关传播学者的学术自觉，并呈现出与国外不同的研究倾向。邵培仁教授的论文《传播生态规律与媒介生存策略》和《论媒介生态的五大观念》可以看作国

---

① 林文刚. 媒介生态学在北美之学术起源简史[J]. 中国传媒报告，2003（2）：4-16.
② 阿什德. 传播生态学：文化的控制范式[M]. 邵志择，译. 北京：华夏出版社，2003：2.

内关于传播生态学研究的开山之作。他认为，当代的大众传播学往往关注微观的传播过程及其各传播要素之间的工作关系，缺少对它们各个组成部分之间生态关系的审视，进而导致了一系列的传播生态问题。[①] 邵培仁总结出了五个传播生态规律，即传播生态位规律、传播食物链规律、传播生物钟规律、传播最小量规律和传播适度性规律，并提出了一系列的媒介生存策略。同时，他认为要化解媒介生态危机还应具有媒介生态整体观、媒介生态互动观、媒介生态平衡观、媒介生态循环观和媒介生态资源观五大观念。邵培仁提出："所谓媒介生态，是指在一定社会环境中媒介各构成要素之间、媒介之间、媒介与外部环境之间关联互动而达到的一种相对平衡的和谐的结构状态。"[②] 邵培仁运用生态学的基本原理和知识，从整体性和关联性出发，尝试对媒介生态学进行本土化的建构。

崔保国教授在2003年发表的《媒介是条鱼——理解媒介生态学》一文中，对媒介生态学的起源与发展进行了追溯，并提出了媒介生态系统的"六界"说，即媒介符号系统、媒介资源系统、媒介管理与规范系统、信息处理媒介系统、信息传输媒介系统，以及信息接收和储存媒介系统。他认为："任何媒介的生存发展都不是孤立的，同类媒介之间有互助有竞争，不同媒介之间也存在复杂的竞争关系。媒介的生存与发展需要一定的空间、资源与社会环境。"[③] 他认为应该把媒介看成有生命的东西，应该用整体和动态的视角去考察和研究，并且要对媒介的生存环境有保护意识。崔保国对媒介生态学的定义："媒介生态学是用生态科学的理念与方法系统分析和研究媒介运行规律的科学。"[④] 媒介生态学是生态学与传播学交叉的新兴学科，其为发掘媒介的运行规律和阐释媒介的现实生存环境，提供了一个新的研究视角。

支庭荣的《大众传播生态学》是国内较为系统阐释传播生态学的专著。他在书中提出了对于传播生态学的理解："传播生态是传播系统内部的组织、构成、冲突及其个体、人群、社会大环境之间的互动与演化。"[⑤] 支庭荣认为，传播生态系统是社会系统中的一个子系统，因而难以避免地与之存在一定的相互作用关系。传播生态系统拥有自我调节机制，是一个动态的平衡系统。当外在的相关因素对内在的系统产生干扰时，媒介原有的生态平衡会被打破，但通过自我调适之后，媒介将进入一种新的平衡状态。

---

① 邵培仁. 传播生态规律与媒介生存策略[J]. 新闻界，2001（5）：26-27，29.
② 邵培仁. 媒介生态学：媒介作为绿色生态的研究[M]. 北京：中国传媒大学出版社，2008：5.
③ 崔保国. 媒介是条鱼——理解媒介生态学[J]. 中国传媒报告，2003（2）：17-26.
④ 崔保国. 媒介生态分析的理论框架[A]//中国传媒大学亚洲传媒研究中心. 2005东北亚传播学国际研讨会论文提要集. 北京：中国传媒大学亚洲传媒研究中心，2005：89-97.
⑤ 支庭荣. 大众传播生态学[M]. 杭州：浙江大学出版社，2004：14.

### （三）国外与国内研究的差异

通过以上的梳理我们可以看出：虽然同为传播生态学研究，但国外与国内的相关研究显现出了较为明显的差异与不同的侧重。首先是研究视角的差异。国外的传播生态学研究总体上采取了"媒介作为环境"的研究视角，基于由各种媒介所形成的"拟态环境"，对信息技术进行理性批判和人文反思，缺乏对于传播生态各构成要素之间的动态考察。而国内的传播生态学研究则从"作为媒介的环境"的角度出发，对媒介的生存环境进行整体分析，并对与之相关的因素进行综合探讨。其次是研究内容的侧重不同。国外的传播生态学研究，突出媒介意义环境对现实存在环境的侵入与影响，在一定程度上表现出"媒介决定论"的思维倾向，但对媒介环境之外的关联性因素关注不足，也因而常常受到西方马克思主义学派的抨击，被批评其理论没有考虑到媒介的政治经济背景，并草率地以"科技决定论"一词来否定。① 与此相反，国内的传播生态学研究一般围绕媒介这一中心而展开，引入生态学的相关理论对媒介的生存环境加以综合考虑，将外在的政治、经济、文化等因素也纳入研究范畴。

综上所述，国外的传播生态学研究善于理论思辨，对于媒介变化的学术敏感性较高，但往往过于强调媒介的主导作用，缺乏对外在关联性因素的观照。而国内的传播生态学研究表现出一定的学术自觉性和研究独立性，受国外相关研究的影响较小，往往从媒介自身出发，以生态学的动态思维分析其生存机制和环境调适，更具有现实意义。结合国外与国内传播生态学研究的优势，使两者相互契合，这样才能更好地实现传播生态学者原初的研究愿景。

## 二、中国传统造型艺术可视为特殊的媒介

一般认为，造型艺术是艺术家凭借一定的物质材料塑造空间静态形象，并以此来表达思想情感或反映社会生活的一种艺术形式。从艺术作品的存在形态来看，造型艺术往往具有一定的空间体量，并主要诉诸人的视觉，因此也常被称为"空间艺术"或"视觉艺术"。造型艺术是中国传统艺术中一个古老的类别，在长期的发展历程中逐渐形成鲜明的民族特色和独特的艺术风格。传统是一个历时性的概念，包含一个延续与演变的动态过程，在人们的不断选择中逐渐形成。中国传统造型艺术可理解为具有中华民族艺术

---

① 崔保国. 媒介是条鱼——理解媒介生态学[J]. 中国传媒报告，2003（2）：17-26.

特色，有着悠久发展历史，并在世代的传承中被认可，自身理论体系较为完善的造型艺术，主要包括书法、绘画、雕塑、建筑和工艺美术。从原始社会的彩陶文化到商周时期的青铜文化，从春秋战国的帛画到秦汉的兵马俑，从魏晋南北朝的佛像石窟到隋唐华丽壮观的建筑，从宋元的陶瓷到明清的家具，中国传统造型艺术不但历史悠久，而且在长期发展过程中始终保持着连续性。中国传统造型艺术能够绵延至今，在很大程度上依赖于其传播活动的有效展开。而在这一历史传承过程中，媒介扮演着非常重要的角色，成为联系艺术创作者与欣赏者之间的纽带。同时，在某种意义上也可以认为中国传统造型艺术是一种特殊的媒介形态。邵培仁认为："从传播的角度看艺术，亦即从艺术过程论来看，所有的艺术品种都只是媒介，它们的共同之处是负担起把艺术观念与艺术信息传达给受众的任务。"[1] 中国传统造型艺术是艺术信息的初始承载媒介，为其传播活动提供必要的前提。

### （一）媒介的内涵

虽然媒介是传播学中最为核心的关键词之一，却很难对其加以清晰界定。一般在英语中常用 medium/media 来表示媒介，其与中文"媒介"的对应关系已经成为一种文化惯例和默契。"medium 源自拉丁文 medium，意指中间。从 16 世纪末期起，这个词在英文中被广泛使用，最迟从 17 世纪起，具有'中介机构'或'中间物'的意涵。"[2] 许多学者从不同角度对媒介作以阐释。美国传播学家施拉姆认为，"媒介的概念不像它有时显得那样简单。首先，在大众传播媒介出现之前就已经有了传播媒介。我们必须把大众传播媒介出现之前就已经存在的能够表达意思的鼓声、烽火以至于宣讲人和集市都归入媒介一类，因为它们都扩大了人类进行交流的能力"[3]。也就是说，凡是能够扩大人类信息交流能力的事物都可以被认为是媒介。麦克卢汉也采用了近似的"泛媒介"观点，认为"媒介是人体的延伸"，一切能够延伸人体功能的东西都可以称作媒介，例如服装、住宅、照片、汽车、电影、广播电台等。这些被用于传播过程的工具、技术或行为，通过文明被传承，通过文化被规定，构成我们的日常生活世界。这种宽泛的媒介定义，虽然具有很强的突破性和启发性，却也使媒介的边界不断扩展，媒介研究容易陷入迷惘的境地。

除了媒介的广义内涵，一些具体的研究也往往采用其狭义的定义，将媒介放在传播

---

[1] 邵培仁. 艺术传播学[M]. 南京：南京大学出版社，1992：213-214.
[2] 威廉斯. 关键词：文化与社会的词汇[M]. 刘建基，译. 北京：生活·读书·新知三联书店，2005：299.
[3] 施拉姆. 传播学概论[M]. 陈亮，译. 北京：新华出版社，1984：121.

过程中加以分析和界定。明安香认为:"传播学中的媒介是指直接为接收者传递或运载特定符号的物质实体(即载体)。"[①] 这一媒介定义,首先强调了媒介的物质性,也就是说媒介常常以人们可以感知的实在形态存在;其次突出了媒介的直接性,媒介是直接面向接收者的物质;最后认为媒介还具有一定的特殊性,往往只承载特定的符号信息。但从中也可以看出,这一观点主要立足于大众传播语境进行阐释,而用于解释大众传播媒介出现之前的媒介则存在一定的难度。崔保国认为:"传播意义上的媒介是指传播活动的中介或中介物,它本质上由物质、技术和人构成,与整个传播过程融合在一起。"[②] 这种媒介定义肯定了媒介在整体传播过程中的地位和作用,并将人与技术同样归入媒介构成之中;但容易与"媒体"相混淆,"媒体主要是指生产信息产品的组织或机构"[③],如报社、电台和电视台更应归入媒体的范畴。综合来看,媒介可以理解为传播过程中的中介,用于承载和传递特殊符号信息,通常以直接面向受众的物质实体形式存在。

## (二)中国传统造型艺术的物质性

中国传统造型艺术属于造型艺术,因而具有造型艺术普遍意义上的基本特性。造型艺术首先以强烈的物质属性区别于其他艺术类别,艺术家通过恰当的物质材料的运用,使内在的艺术思想与观念转变为外在的可知可感的艺术形态,并为欣赏者提供审美对象。杜威认为:"每一种艺术都以某种物质材料,以身体或身体外的某物,使用或不使用工具,来做某事,从而制作出某件可见、可听或可触摸的东西。"[④] 造型艺术的物质性,不仅体现在艺术的创作过程中,而且固化在最终的艺术作品之中。虽然不同的造型艺术采用的物质材料会有所不同,所呈现的方式和形态也有所差异,但物质性是它们共同的内在属性,是其成为造型艺术的前提。建筑品种有石质的东西,木刻中有木质的东西,绘画中有色,语言作品中有言说,音乐作品中有声响。在艺术品种中,物的因素如此牢固地现身,使我们不得不反过来说,建筑艺术存在于石头中,木刻存在于木头中,绘画存在于色彩中,语言作品存在于言说中,音乐作品存在于音响中。[⑤] 没有物质材料的运用,艺术构思与艺术观念就只能停留在艺术家的头脑中,而无法形成艺术作品,更无法为欣赏者所感知。也正因如此,物质性才如此深刻地与造型艺术捆绑在一起。

物质材料对于造型艺术如此重要,以至于在某种程度上可以说,特殊材料的运用促

---

① 明安香.关于传播学几个基本概念的界定[J].新闻界,1994(6):4-6.
② 崔保国.媒介变革的冲击[J].新闻与传播研究,1999(4):41-45,92.
③ 杨保军.新闻活动论[M].北京:中国人民大学出版社,2006:257.
④ 杜威.艺术即经验[M].高建平,译.北京:商务印书馆,2011:54.
⑤ 海德格尔.诗·语言·思[M].彭富春,译.北京:文化艺术出版社,1991:23.

进了中国传统造型艺术独特艺术面貌的形成。书法是中国传统造型艺术中最具代表性的艺术类别之一，而其艺术体系的成熟与完善同毛笔、墨、纸的运用密切相关。柔软而富有弹性的毛笔是丰富书法艺术审美特质的重要工具，自古以来就有独特的构造。毛笔极富变化的造型功能，使中国传统文化中法天地、应自然、化静为动、转实成虚的生命精神在书法艺术中得以呈现。书法家以意动笔，以墨留形，书法的艺术形态是笔墨结合的产物。墨最初还只是一种天然的矿物颜料。人工造墨始于战国时期，汉魏之后制墨技术开始臻于成熟。色泽鲜亮、质地精良的墨可浓可淡，能够很好地表现笔锋转折与运动之迹。纸的出现则为之提供了必不可少的书写载体，而在各式纸张中以产自古宣州的纸最为著名。"中国造纸，悉靠天然出产物为原料，地域在造纸上实有重要的因素，虽同一名称之纸，易地所制，则原料亦异。"[1] 中国传统书法所用纸张的特性也能够在一定程度上体现出传统书法艺术的地域性和民族性。这种物质化的差异在中国传统建筑中也有所体现。中国传统建筑以土木为主，而西方古典建筑则以石材为主。木材相对砖石质轻且软，更利于塑造婉转流动的形态。同时，木材温暖、细腻的质感也更能体现出中国人平和、温情的民族特质。不同物质材料的运用使中国传统造型艺术区别于西方古典造型艺术。

### （三）中国传统造型艺术的中介性

在传播学的视域中，艺术是为他者的，这是其生存的基本需求。黑格尔认为："艺术作品既然是由心灵产生出来的，它就需要一种主体的创造活动，它就是这种创造活动的产品；作为这种产品，它是为旁人的，为听众的观照和感受的。"[2] 而艺术只有进入传播过程，被感知和接受，才能彰显自身的存在。在这个过程中，艺术作品自身成为联系艺术家与欣赏者的本原中介。也就是说，艺术自身存在中介性。这种中介性首先源于艺术家的他者意识。无论是再现抑或表现，艺术家都隐含着一种向他者"诉说"的倾向。阿诺德·豪泽尔提出："如果我们认为艺术家在表达自己感受的时候就是在进行传播，那么我们的意思一定是他在跟某人说话。每一种艺术表现，每一次对思想、感情和目标的抒发，都是针对着真实或假想的受者。那些纯粹为作者本人而说的话也绝不是完全的独白，而总是有着某个无名的受者。"[3] 虽然在艺术的创作过程中，艺术家还无法准确地确定受者目标，但是其十分渴望这种对话的形成。因为，只有在这种互动的过程中，艺

---

[1] 蒋玄怡. 中国绘画材料史[M]. 上海：上海书画出版社，1986：23.
[2] 黑格尔. 美学（第一卷）[M]. 朱光潜，译. 北京：商务印书馆，1979：356.
[3] 豪泽尔. 艺术社会学[M]. 居延安，译. 上海：学林出版社，1987：134.

术的价值与意义才能充分地显现出来。另外，这种中介性还体现在艺术作品的召唤式结构中。"艺术作品之所以具有一种召唤他者的结构，一个重要原因在于，艺术作品是由艺术符号的记号所构成的，这些记号本身就是为他者而表征和存在的。因为艺术作品是一种内容产品，它向人世间提供的是感性表征的审美意义。"[①] 无论何种艺术都无法脱离其特有的艺术符号而独立存在，艺术符号所综合形成的艺术信息依附于实在的物质结构之上，进而成为面向欣赏者的直接中介。

中国传统造型艺术除了具备普遍意义上的艺术中介性之外，还常常表现出一定的特殊性。首先，传统儒释道思想相互融会所形成的文化环境，使艺术家在他者指向上表现得较为隐蔽。比如，中国传统绘画在整体创作形式上倾向于写意，并寄情于物，通过物质将自己的思想观念与情感隐晦地表达出来。"山水、花鸟，甚至人物，在传统绘画中是作为画家情感意趣的传达载体和表现媒介而出现的。它们的最佳存在状态是与特定的情趣交融为一。"[②] 中国传统画家并不是不追求写实，而是希望能够在似与不似之间融入更多的主观表达，为他者留下更为丰富的阐释与感悟空间。其次，在召唤式结构上倾向于以"言""象""意"三个由表及里逐步递进的层次增强结构张力。中国传统绘画以笔墨组织画面语言，以对事物的提炼和概括形成"象"，进而在与"象"的互动中生成深层次的"意"。例如，清代的绘画常常通过异常简略的形象表达异常强烈的个性感受，笔情墨趣成了绘画的核心，绘画作品不完全脱离现实形象，却又大大超越现实形象，从而使笔墨本身及其排列组合具有独立的审美意义。[③] 虽然在"言""象""意"三个层次上都可以领悟到独特的意义，但渐次递进的层次在增强艺术吸引力的同时，还使召唤式的结构张力得以加强。综上所述，中国传统造型艺术具有物质性和中介性。因而，依据之前的媒介定义，中国传统造型艺术可以看作特殊的媒介。

## 三、中国传统造型艺术传播生态的三个层次

如果中国传统造型艺术是特殊的媒介，那么我们就可以将其纳入传播生态学的视野，对其传播生态的构成加以分析。大卫·阿什德认为："传播生态指的是情景中的传播过程。传播生态有三个维度：①一种信息技术；②一个传播范式；③一个社会行

---

① 曹增节. 艺术传播学：文献计量学方向[M]. 杭州：中国美术学院出版社，2014：102.
② 彭吉象. 中国艺术学[M]. 北京：北京大学出版社，2007：296.
③ 李泽厚. 美的历程[M]. 北京：文物出版社，1981：208.

为。"① 基于信息技术的组织化和技术化标准，传播生态将形成特定的模式、状态和形态，这种新的传播范式在改变现存社会行为的同时也将塑造新的社会行为。阿什德在"媒介作为环境"的框架下，将信息技术与媒介透过其传播范式，最终指向现实环境中的社会行为，侧重于探讨媒介信息技术及其形成的特有传播模式对社会活动的渗入与影响。支庭荣认为传播生态主要包含三个层次：①中间层的传播原生态，包括管理、技术和媒介专业；②内层的传播内生态，包括事件、信息、文化供给和受众需求；③外层的传播外生态，包括经济、社会和政治压力。三个层次分别对应大众传播的组织属性、信息属性和社会属性。② 支庭荣主要以媒介为核心展开分析，层次结构较为清晰，并将外部的自然与社会环境也纳入考察范围。虽然这两种传播生态的层次理论都是基于大众传播学的背景，基本没有涉及有关艺术的探讨，但仍然为我们分析中国传统造型艺术的传播环境提供了重要的理论参考。既然中国传统造型艺术可以看作特殊的媒介，那么对其传播生态的分析也应从本体出发。中国传统造型艺术内在的互动与交流构成了它的本体传播生态，而承载中国传统造型艺术信息的各种媒介就成为"媒介的媒介"，并形成中层的媒介传播生态。同时，中国传统造型艺术还可能受到相关政治、经济和文化因素的影响，这构成了外层的社会传播生态。

## （一）内层的本体传播生态

对于艺术传播生态问题的研究应该从其本体出发，因为"艺术中一切带根本性的问题无不同本体连接"③。回到艺术自身，在一定程度上可以说传播促进了艺术的诞生，并使其得以生存和发展。"传播是艺术本源的质的规定。人类的艺术自诞生之初便拥有着传播的取向——一种关怀他者的情结。艺术因关怀他者的传播取向而垂临大地，在传播创造性的审美意义和情感经验中生长和发展，并呈现于生活世界的各个领域。"④ 内在的传播需求促使艺术完成了由审美创造到价值实现的动态过程。而在艺术内部，艺术创作者、艺术作品和艺术接受者构成了艺术传播的基础要素，也是艺术传播的最小化模型。艺术创作者与艺术作品之间的互动是艺术的生产环节，艺术接受者与艺术作品之间的互动是艺术的接受环节，而艺术作品则成为联系艺术生产与艺术接受者的直接性媒介。这种依赖于艺术作品而形成的"面对面"的传播方式，是艺术最为原始也是最为有

---

① 阿什德.传播生态学：文化的控制范式[M].邵志择，译.北京：华夏出版社，2003：2.
② 支庭荣.大众传播生态学[M].杭州：浙江大学出版社，2004：14.
③ 王岳川.艺术本体论[M].北京：生活·读书·新知三联书店，1994：18.
④ 陈鸣.艺术传播原理[M].上海：上海交通大学出版社，2009：18.

效的传播方式。艺术创作者在某种创作欲望的驱动下，运用一定的艺术语言和技巧，将头脑中的艺术构思和意向物化为具有审美价值的艺术作品。艺术接受者则采取与之相反的逆向过程，基于已有的艺术经验，在期待视野之下，受特定的接受动机支配，对艺术作品进行解读。通过艺术作品这个中介，艺术创作者与艺术接受者形成了"直接"的对话，艺术创作者的艺术观念、思想情感等信息通过艺术作品传递给艺术接受者，艺术接受者的反馈与评价信息反过来也将传递给艺术创作者，他们之间的有效互动构成了艺术的本体传播生态。

中国传统造型艺术的本体传播生态，也同样是由艺术创作者与艺术接受者来共同维护的，只不过在艺术创作与艺术接受过程中，有独特的创作程式和鉴赏标准。例如，清代画家郑板桥善于画竹，写竹，还生动地表述了自己画竹的过程。"江馆清秋，晨起看竹，烟光、日影、露气，皆浮动于疏枝密叶之间。胸中勃勃遂有画意。其实胸中之竹，并不是眼中之竹也。因而磨墨展纸，落笔倏作变相，手中之竹又不是胸中之竹也。总之，意在笔先者，定则也；趣在法外者，化机也。独画云乎哉！"[①]"眼中之竹"是自然之象，是未经画者思想评价和情感过滤的自然景物在头脑中的映像；"胸中之竹"是摄入画者心中的虚拟之象，渗透着画者的主观因素；"手中之竹"是通过画者再现的艺术之象。艺术创作是从"眼中之竹"到"胸中之竹"最终转变为"手中之竹"的动态交互过程。同样，中国传统造型艺术在接受过程中，也有自己特殊的评判标准。最能体现中国鉴赏理论特色的是气韵、意境和中和。气韵表现对象之神，表现主体之魂；意境是情景交融、物我为一、虚实相生、余味无穷；中和代表美善相乐、刚柔相济、文质彬彬，华朴融和。[②] 在中国传统造型艺术中，具有浓厚民族色彩的艺术创作思维与艺术接受理论相契合，保障了艺术创作者与艺术接受者之间的交流与对话，进而逐渐形成了稳固的本体传播生态。

### （二）中层的媒介传播生态

在大众传播媒介出现之前，艺术主要以"面对面"的传播方式展开。"人类漫长的艺术传播史的绝大部分正是由简单的面对面的传播书写出来的。"[③] 时至今日，这种传播方式仍然发挥着重要作用，在表演艺术中甚至居于"本位传播"的地位。因而，艺术的本体传播生态在整体的传播生态圈层中处于最为核心的内层。但是，"面对面"的传播

---

① 郑板桥．郑板桥集详注[M]．长春：吉林文史出版社，1988：373．
② 彭吉象．中国艺术学[M]．北京：北京大学出版社，2007：262．
③ 邵培仁．艺术传播学[M]．南京：南京大学出版社，1992：211．

方式的局限也是显而易见的,"在场性"与"直接性"的要求使其难以突破时间和空间的界限,传播范围较为狭小。艺术要实现远距离传播,就不能完全依靠自身,必须借助其他媒介。伴随着媒介的发展与变迁,印刷媒介、电子媒介和数字媒介相继进入了艺术传播领域。印刷媒介的出现使艺术信息第一次真正意义上游离于艺术本体之外,可以被记录、存储、复制并传递到更加遥远的地方。广播、电视等电子媒介在承载图文符号的同时,还融入图像与声音,进一步丰富了艺术的传播形态。互联网作为最具代表性的数字媒介,解决了艺术传播过程中信息同步传递的难题,增强了互动性,同时激发了受众生产艺术信息的积极性和能动性,使原本稳定的传受关系被打破。手机作为互联网的"移动化补丁",赋予了艺术传播强大的灵活性。虚拟现实作为新兴的传播媒介,在广泛传递艺术信息的同时,还试图将人类更多的感知通道纳入其中,以维持人类原有的感知平衡。层出不穷的大众传播媒介在相互融合的过程中,形成了愈加复杂的媒介,环境进而构成了艺术的媒介传播生态。

中国传统造型艺术同样经历了媒介的变迁。虽然由于静止性和物质性,实物传播成为长期居于主导地位的传播方式,但随着媒介技术的不断进步,其也被带入媒介传播的历史进程。以传统书法为例,在手工复制时期,书法的复制方法主要有临、摹、拓三种。如黄伯恩所述:"世人多不晓临、摹之别。临,谓以纸在古帖旁,观其形势而学之;若临渊之临,故谓之临。摹,谓以薄纸覆古帖上,随其细大而拓之;若摹画之摹,故谓之摹。又有以厚纸覆帖上,就明牖景而摹之,又谓之'响拓'焉。临之与摹,二者迥殊,不可乱也。"①临写、摹画、拓印均是以追求"存真"为目标,须使点画位置、笔法使转、墨色浓淡与原作保持高度一致。在书法传承史中有很多深谙此道的摹拓名家,如冯承素、韩道政、赵模等。而现代复制与印刷技术的加入,使书法的复制与传播有了质的提升。20世纪70年代,日本二玄社曾对台北"故宫博物院"的400多件馆藏珍品进行精细复制,在照相与影印技术的支持下,复制品达到了令人叹为观止的逼真效果。启功先生也曾对机械复制的方式大加赞赏:"若没有现代先进的摄影、印刷各种技术,也就不会有这些'下真迹一等'、逼真活现的复制品。从文物'价格'上来看,复制品究竟不是原迹,但从它们的艺术效果上来讲,应该说是'与真迹平等'的。"②在媒介的不断进化之下,中国传统造型艺术的传播方式也在不断革新。例如,2004年故宫博物院利用虚拟现实技术开发了"故宫VR太和殿",借助虚拟交互技术,人们可以自由地、多角度地感受传统建筑的艺术魅力。快速发展的媒介为中国传统造型艺术构建了日趋多

---

① 黄伯恩.宋本东观余论[M].北京:中华书局,1988:139.
② 启功.启功全集(第5卷)[M].北京:北京师范大学出版社,2011:212.

样化的媒介生态环境。

### （三）外层的社会传播生态

中国传统造型艺术虽然有着自己独特的运行机制，但作为社会文化系统中的一个组成部分，有时也会受到相关政治、经济、文化等因素的影响。在中国传统造型艺术的历史发展中，政治环境及相关制度的颁布，曾多次引发艺术思潮与艺术风格的转变。例如，明代初期，由于"存天理，灭人欲"的理学思想束缚和相关制度的制约，当时的传统工艺整体呈现简约、素朴的风格特征。"洪武二十六年定，木器不许用朱红及抹金、描金、雕琢龙凤文。……百官，床面、屏风、橱子，杂色漆饰，不许雕刻龙文，并金饰朱漆。……建文四年申饬官民，不许僭用金酒爵，其椅桌木器亦不许朱红金饰。"[①] 在这种严格的政治要求下，明初的家具整体造型端庄厚重，并且少有装饰。而相对宽松的政治环境或具有针对性的扶持政策，则可以促进和推动传统造型艺术的发展。比如，1953年12月，国家文化部和中国美术家协会首次举办了全国民间美术工艺展览会，并邀请相关艺术家进行座谈，宣传当时国家对于工艺美术的方针政策，这对推动陶瓷等工艺美术的发展起到了积极作用。[②] 艺术的传播总是在一定的政治环境下进行，因此相关政治因素在某种程度上也影响着中国传统造型艺术的生存与发展。

除却政治因素，商业活动的介入以及社会经济的发展状况也是影响中国传统造型艺术传播生态的重要外在因素。艺术本应恪守自身的界限以保持其纯洁性，但无论是艺术创作者还是艺术接受者在现实中都从属于社会群体，他们的生存需求与常人无异，因而艺术与商业和经济发生关联也就在所难免了。早在秦汉时期，就已经出现以艺术作品换取生活用品的"销售行为"。至隋唐时期，艺术品的交易已十分流行。到了宋代，甚至出现了专门贩卖艺术品的中间人。而到了明清时期，艺术品已成为一种重要的"商品"。"瓷器本历来是中国工艺的代表，它在明清也确乎发展到了顶点。明中叶的'青花''斗彩''五彩'和清代的'珐琅彩''粉彩'等，新瓷日益精细艳俗，它与唐瓷的华贵的异国风，宋瓷的一色纯净，迥然不同。也可以说，它们是以另一种方式同样指向了近代资本主义，它们在风格上与明代市民文艺非常接近。"[③] 而一旦中国传统造型艺术进入经济领域，商业上的影响力将反作用于艺术自身。虽然这样能够在一定程度上拓展艺术的流通渠道，但艺术消费者的审美趣味也将左右艺术创作。正如在今日的艺术市场中，资本

---

① 张廷玉. 明史[M]. 北京：中华书局，1974：1672.
② 蔡孟. 中国现代陶瓷艺术的历程分析[M]. 南昌：江西美术出版社，2012：21-22.
③ 李泽厚. 美的历程[M]. 北京：文物出版社，1981：210.

与商业的运作往往会关涉艺术家的生存并波及艺术创作的风向。除了政治、经济因素，中华民族长期积淀的儒释道传统文化，也为中国传统造型艺术的发展提供了必要的土壤。总之，相关的政治、经济、文化因素将在外部对中国传统造型艺术施加影响，共同构成外层的社会传播生态。

综上所述，中国传统造型艺术的传播生态由里及表可划分为三个层次，即内层的本体传播生态、中层的媒介传播生态和外层的社会传播生态。值得注意的是，这三层结构并非处于静止状态，而是共同处于动态的演变之中。本体传播生态通过媒介传播生态与外层的社会传播生态互动，而社会传播生态和媒介传播生态的变化也将传递给内层的本体传播生态。本体传播生态通过适应与调节之后，又将产生新的交互过程。

## 四、结语

中国传统造型艺术历经世代的传承与积淀，逐渐形成了丰赡的艺术体系，并以强烈的地域特性和民族性区别于西方的古典造型艺术。中国传统造型艺术的生存与发展，与其传播环境的健康与否密切相关。引入传播生态学的相关理论与方法对中国传统造型艺术的传播生态加以分析，能够明确中国传统造型艺术的生存状态，并了解其相关影响因素。国外与国内的传播生态学研究，呈现出两条不同的学术路线。国外的相关研究主要以"媒介作为环境"而展开，国内的相关研究则选择了"作为媒介的环境"的视角。前者侧重于媒介及信息技术对人和社会文化的影响，后者则倾向于探讨媒介的生存环境。二者虽然都很少涉及艺术研究，但为分析中国传统造型艺术的传播环境提供了重要的理论依据和方法。依照媒介的内涵，中国传统造型艺术可以看作特殊的媒介。因为中国传统造型艺术不但具有物质性和中介性，同时还是直接面向受众的艺术信息载体。中国传统造型艺术是联系艺术创作者与接受者的中介，并且他们之间的有效互动形成了内层的本体传播生态。各种各样的大众传播媒介对于中国传统造型艺术传播过程的介入，构成了中层的媒介传播生态。相关的政治、经济和文化因素则形成了外层的社会传播生态。这三个层次相互影响、相互作用，总是在动态中趋向于平衡。明确中国传统造型艺术传播生态的层次结构，有助于中国传统造型艺术在复杂的媒介和社会环境中健康发展。

**作者简介：**

孙玉明，博士，东北电力大学艺术学院副教授，硕士生导师。研究方向：艺术传播。
荣雷雷，东北电力大学艺术学院硕士研究生。研究方向：艺术传播。

# 论音乐中国风在海外的传播与变迁

## ——以"东方短乐句"为例

霍英泽

**摘　要**：从 19 世纪中期开始，依托于对理想东方世界的想象，中国风／东亚风成为欧美国家音乐创作的一个重要方向。以五声音阶和固定节奏模式构成的东方短乐句成为这个创作方向的具体表现形式。从 19 世纪 50 年代至今，东方短乐句在不同的时期被作曲家应用到古典音乐、流行音乐、音乐戏剧和电影电视等文化媒介中。在西方文化体系内，东方短乐句逐步成为一个可以代表中国乃至东亚音乐和文化的符号。本文通过考察史料和音乐分析，探究东方短乐句在海外传播音乐中国风的历史意义和文化价值。

**关键词**：中国传统音乐；音乐传播；中国音乐文化

电影《功夫熊猫》曾在 2008 年风靡全球，主题曲《功夫对决》（*Kung Fu Fighting*）随其风潮成为当时炙手可热的单曲。《功夫对决》并不是一首为了电影而新创作的音乐，而是改编自 1974 年卡尔·道格拉斯的同名单曲。除了耳熟能详的主旋律外，这首单曲最吸引人的是开篇的前奏部分。无论旋律抑或节奏，都极具东方韵味，这也贴合了歌曲及电影想要表达的主题。歌曲前奏包括一组十六分音符接两组八分音符，结束于一个四分音符，在旋律上采用五声音阶，听起来有中国／东亚情调（见谱例 1）。这一段东方短乐句（Oriental riff），从 19 世纪起，或为了契合含有中国／东方的主题，或为了营造遥远东方的情调，不断地以固定的模式出现在欧美乐曲或歌曲中。欧美音乐人对于东方短乐句的热情，从其诞生伊始至今都不曾消退。比如在道格拉斯创作《功夫对决》的同期，东方短乐句也频繁穿插在游戏音乐（如游戏《功夫小子》和《超级马里奥》的主题曲）及其他音乐作品中（如 The Vapors 1980 年的 *Turning Japanese*，Rush 1976 年的 *A Passage to Bangkok*）。在西方学界，已有学者对这一具有历史意义的东方短乐句进行初探［主要是以日本为主题的研究，见安东尼·谢泼德（Anthony Sheppard）的著作］，但在我国还未见学术探讨。笔者将以东方短乐句为出发点，围绕其来源、历史沿革和社会意义进行探讨，并阐述其对于中华文化早期传播的重要性和意义。

谱例1　东方短乐句①

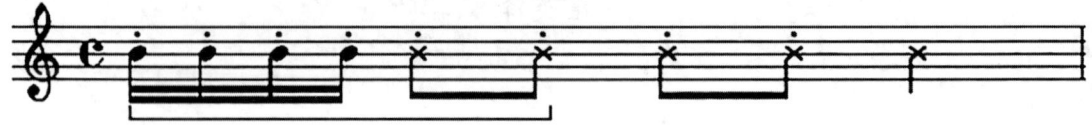

谱例2　东方短乐句基本节奏模式

## 一、起源

东方短乐句在节奏模式和旋律结构上虽然东方韵味十足，但根据安东尼·谢泼德的论据，这段音乐动机并非起源于东方。②谢泼德对东方短乐句的论证最早见于1847年科莫（T. Comer）的《阿拉丁与神灯之大中华奇观》（*The Grand Chinese Spectacle of Aladdin or the Wonderful Lamp*）中的《阿拉丁快步》一节（见谱例3）。在这首混合了中东和中国音乐风情的选段中，短乐句已见雏形。谱例的最后四小节与《功夫对决》中的短乐句相差无几，科莫也成为最早借用五声调式的作曲家之一。

谱例3　科莫《阿拉丁快步》，选自《阿拉丁与神灯之大中华奇观》，1847年

---

① 本文部分谱例都已转为C大调/a小调，并进行了"节奏标准化"（即它们的音符长度可能已经减半或加倍，以使不同的例子更容易比较）。

② S H ANTHONY. Extreme exoticism：Japan in the American musical imagination[M]. New York：Oxford University Press，2019：71.

东方短乐句出现在科莫作品中并不是毫无来由的。19世纪中叶,中国在鸦片战争后处于内忧外患的形势中,偏东和偏南沿海部分的中国居民出于民生的考虑开始将生存的地点转向海外。大量中国移民逐渐聚集于东南亚、欧洲以及因金矿出现而需要大量劳工的美国。早期中国移民面临的处境与其他国家移民面临的境况大抵相似,被排斥的同时也被当作异域文化传播者,最终他们促使新的文化体系的形成。

在科莫创作《阿拉丁快步》的同一时期,中国文化,尤其是以戏剧和戏曲为代表的中国音乐已多见于欧洲及美国的报刊和文化评述中。由于文化距离感,媒体和文化圈对中国音乐的评论更多的是质疑外来文化。如匈牙利小提琴家米斯卡·豪瑟(Miska Hauser)在1853年的美国旧金山国庆表演中,观看了到访的中国音乐代表团。根据他的叙述,到访的中国团队分为三组。第一组为随行代表人员,"第二组为四名身着异服的音乐家,他们携带了中式鼓、钹和其他乐器。第三组为弦乐和打击乐人员"①。同天的旧金山《先驱日报》(Daily Herald)也报道了类似的情况:"(演出乐器由)一件形似单簧管的乐器(箫或唢呐),一件类似吉他的拨弦乐器(琵琶)和几个形态各异的鼓组成。"②

除了对中国乐器和乐团的描述,媒体艺术家也有对中国音乐内容和戏曲歌唱的评述。早在1836年,即科莫创作《阿拉丁快步》的11年前,当时周游于欧美各地的中国戏曲女伶梅阿芳(Afong Moy)在美国进行了巡演。海报显示,梅阿芳演唱了中国歌曲(见图1)。据《彭萨科拉公报》(Pensacola Gazette)的报道,梅阿芳的歌声让"听众感受到了中国的语言和音调"③。《纽约商

图1 路易斯安那州新奥尔良的北美酒店,梅阿芳的宣传页(由美国古籍协会提供)

---

① Z SU. Claiming diaspora[M]. New York: Oxford University Press, 2011.
② The Procession[N]. Daily Herald, 1854-07-06(2).
③ The Chinese Lady[N]. Pensacola Gazette, 1836-03-19(2).

业广告》也称赞梅阿芳的演唱,指出她唱的是"一连串的声音,她甚至还有即兴的演唱,其中的情感和语言无疑是相当诗意的"①。除去媒体对梅阿芳的述评外,当时最著名的评述出自法国作曲家柏辽兹。由于不适于戏曲高亢的腔调,1851 年,他在伦敦的一次私人聚会上观看了来自中国艺人的演出后评论道:"鼻音,喉音,呻吟声,可怕的声音。"②无论反响是否正面,这些论述都证明当时的中国音乐已经进入了文化市场,被消费、被评价,甚至被借用。

科莫的东方短乐句同时也顺应了彼时欧美的流行风格——中国风(musical chinoiserie)。中国风曾风行于 18 世纪的欧洲,是当时西方迷恋中国及以中国为主题的东亚文化的产物。它通常被特指为 18 世纪中期的现象,具体指在西方艺术、瓷器、家具和建筑中使用中国概念的装饰性图案。首先,中国风的流行是基于欧洲人对于中国和东方世界的想象。因此,中国风糅杂了东方和西方的文化特质,是两种文化体系并行且混用的结果。③ 其次,中国风作为一种装饰艺术风格,可以应用到一系列其他的艺术形式中。也可以将它理解为与更抽象的艺术形式有关。根据张省卿的论证,这股风潮在 19 世纪中后期,被更加多元地应用到不同的艺术形式之中。④ 因此,东方短乐句的出现恰好符合了欧美这股中国风的潮流。

## 二、东方短乐句在 19 世纪中后期

在科莫的《阿拉丁快步》后,东方短乐句似乎消失在了全球化的异国风情浪潮中。但在 1871 年,美国吉他作曲家 W.L. 海顿再一次选择在其作品《中国加洛普》(*Chinese Galop*)中使用了东方短乐句。乐曲第二部分的开篇(见谱例 4)几乎复制了科莫的短乐句。

谱例 4　W.L. 海顿《中国加洛普》,1871

在查斯·纽曼(Chas Newman)的《日本音画》(*Japanese Tone Picture*)和吉尔伯

---

① City News[N]. New York commercial advertiser, 1847-08-07(2).
② "Letters of M. Hector Berloiz." In the great exhibition, and London in 1851[M].London:Longman, 1852.
③ H HUGH. Chinoiserie:the vision of cathay[M].New York: Harper and Row, 1973.
④ 张省卿.东方启蒙西方——十八世纪德国沃里兹(Wörlitz)自然风景园林之中国元素[M].台北:辅仁大学出版社,2015:37-44.

特（Gilbert）与苏利文（Sullivan）的《日本天皇》（Ouverture to The Mikado）中也可发现东方短乐句的影子。但二者的引用并不是严格按照短乐句的模式。如纽曼的《日本音画》模仿了节奏模式，虽然旋律同为五声调式，但与短乐句并不相同（见谱例5）。《日本天皇》则更加像快节奏版的短乐句（见谱例6）。

谱例5　查斯·纽曼《日本音画》，1881

谱例6　吉尔伯特和苏利文《日本天皇》，1885

1893年，古斯塔沃·劳德斯（Gustav Lauders）在芝加哥举办的世界博览会上发布了钢琴组曲《大道乐园的下午》（An Afternoon in Midway Plaisance），其中三段以东方为主题并且都借用了东方音乐元素。从谱例7可以看出，钢琴曲中多次使用了短乐句结构。

谱例7　古斯塔沃·劳德斯《大道乐园的下午》，1893

### 三、在流行音乐中复兴

东方短乐句的使用在 19 世纪末至 20 世纪初的美国达到顶峰。19 世纪末的美国音乐市场面临着转型，一系列新的音乐形式、技术和概念，包括留声机（Phonograph）、钢琴卷（Piano Rolls）、杂耍剧（Vaudeville）、音乐喜剧（Musical Comedy）、版权保护法（Copyright Protection Laws）和乐谱业（Sheet Music）等的出现，催化着音乐产业的变革。诞生于 1885 年，坐落于纽约曼哈顿第五大道与第六大道之间的叮砰巷（Tin Pan Alley）彻底整合和重组了美国流行音乐界。① 音乐产业化的同时也意味着更广阔的市场和崭新的创作方式的出现。此时东方文化的风潮已传入美国，迎合了美国音乐界开拓新市场、新主题的目标，又恰逢华人移民潮，唐人街及中国也就自然而然地成为 20 世纪初美国流行音乐的重要题材之一。②

在叮砰巷 1930 年之前的作品中，笔者共找到约 70 首含有东方短乐句的作品。因篇幅有限，笔者将重点介绍其中的代表作。这一时期作品的主要特点是五声音阶、平行四度以及前六个音符有特定节奏。在保罗·J.诺克斯（Paul J. Knox）1899 年创作的单曲《我不关心我是否会永远沉睡》（*I Don't Care If I Never Wake Up*）中，他将典型的中国音乐素材和拉格泰姆音乐形式进行了融合。拉格泰姆音乐，诞生于 19 世纪末的美国东部。在叮砰巷音乐的全盛时期，以鲜明的切分节奏而闻名的拉格泰姆音乐几乎就是美国流行音乐的代名词。东方元素一直是拉格泰姆音乐不可或缺的特色。

在歌曲的歌唱声部，诺克斯在旋律和节奏上都采用了很典型的东方短乐句模式。快速的四个一组的十六分音符紧接两个八分音符，展现了其鲜明的东方特色。仅有的五个旋律音 DE#FAB，在音程关系上也正好合乎五声调式。同时，在钢琴声部，诺克斯沿用了当时风靡音乐圈的拉格泰姆切分节奏（见谱例 8）。钢琴低音声部严谨的四二拍，也是拉格泰姆风格的标志之一。这种新颖的多元音乐组合在音响效果上并不令人感觉怪异，反而迸发出一种独特的美感。

---

① C KATHERINE. Rock music style：a history[M].New York：McGraw Hill，2001.
② 在美国的中国移民人数于 1880 年已达到 10 万人（105,465，包括混血儿），虽然 1882 年《排华法案》对华人移民进行了一系列的限制，但至 1900 年，美国华人移民仍然将近 12 万人（118,746）。

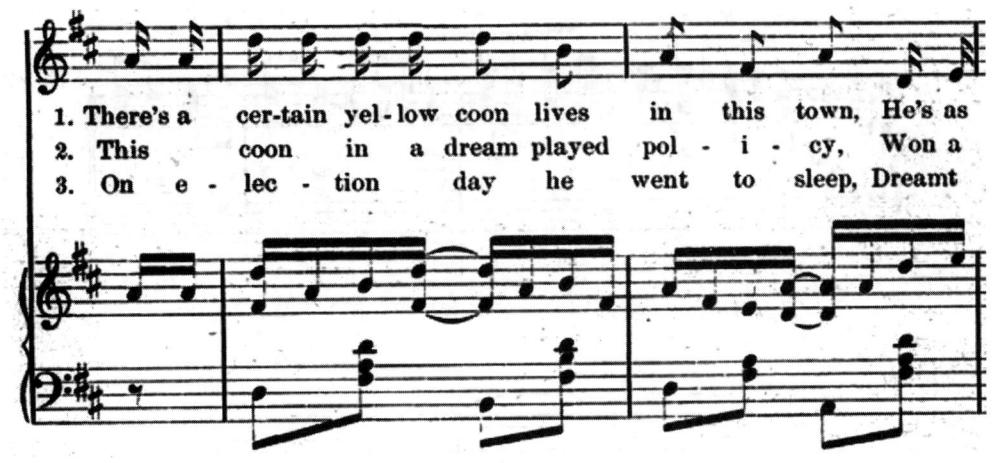

谱例 8　保罗·J. 诺克斯《我不关心我是否会永远沉睡》，1899

让·施瓦茨（Jean Schwarz）20 世纪 20 年代的大热单曲《唐人街，我的唐人街》进一步发掘了中国音乐元素，并通过更加成熟的创作技巧将中国元素融入拉格泰姆节奏。歌曲由一段鲜明的东方短乐句展开，四个重复的八分音符与其后的两个四分音符构成了基础的短乐句节奏模式（见谱例 9）。这组音乐材料作为乐曲的动机，在其后频繁出现（见谱例 10）。在副歌部分（chorus），施瓦茨别出心裁，在保留中国音乐元素的同时采用了一种独特的作曲技法（见谱例 11），钢琴声部呈现一种多元的节奏走向。在四二拍的节奏模式中，钢琴的低音声部采用落在强拍的八度低音，而高音声部在保留八度强拍的同时，把剩余的和弦音程置于弱拍。施瓦茨的处理方式在当时的流行音乐中极其常见，和弦的拆分处理使得乐曲在保留稳定节奏型的同时，又营造了极强的切分音响效果。而施瓦茨最精彩的处理还在于将中国音乐元素融于其中，仔细研究和弦的旋律走向，可清晰地听到五声音阶出现在钢琴的高音声部。此处的巧妙之处在于西方化"东方短乐句"，五声音阶为主的旋律得以保留，但与之搭配的却是黑人音乐衍生的节奏型。相比于之前诺克斯僵硬地将中国音乐元素和黑人音乐风格并行的处理办法，施瓦茨的处理显然更加高级。两种音乐元素在这首音乐里的成功融合，也为之后黑人流行音乐使用中国音乐元素扫清了障碍。

谱例 9　让·施瓦茨《唐人街,我的唐人街》开篇,1910

谱例 10　让·施瓦茨《唐人街,我的唐人街》,1910

谱例 11　让·施瓦茨《唐人街,我的唐人街》副歌,1910

20世纪初的美国钢琴作品也极大地受到了黑人音乐的影响，因此在钢琴小品中融入东方音乐元素也成为顺理成章的举动。流行钢琴作曲家们不局限于东方短乐句的改编和运用，他们开始寻求一些未经广泛使用的东方音乐元素，鲍威尔（Powell）的钢琴小品《拉格泰姆洗衣店》的开头部分，就用了当时另一个广为人知的东方元素——装饰半音（grace notes）。如谱例12所示，装饰半音通常与五度音阶为主的旋律交织在一起，更加凸显乐曲中的东方属性。在开头的短暂呈示后，鲍威尔立即将乐曲走向转舵到拉格泰姆的世界。从第十小节开始（见谱例13），作品则完全以传统拉格泰姆音乐的模式呈现。这首乐曲是20世纪早期比较成功的体现多元文化的器乐作品。东方音乐元素和黑人音乐元素的融合，很容易让听者想象出黑人在中国洗衣店脚踏节拍的画面（当时的中国移民在美国多以开洗衣店为生，故当时语境下的洗衣店往往与中国人联系在一起）。

谱例12　鲍威尔《拉格泰姆洗衣店》1—2小节，1901

谱例13　鲍威尔《拉格泰姆洗衣店》10—11小节，1901

埃利斯·埃夫兰（Ellis Efran）1901年的流行钢琴小品《中国步态舞》（*A Chinese Cake Walk*）基本继承了鲍威尔的创作风格。埃夫兰进一步发展了东方旋律加西方节奏的创作模式。乐曲的开篇就确定了曲目的基调，五声音阶的高音部辅以和弦伴奏（见谱例14），主题过后，乐曲利用切分模拟步态舞的节奏。这首钢琴作品最有创意的是唱片封面，一名留有长辫的传统中国人单脚而立，仿佛正在表演步态舞。二元文化结合的封面配以东西方结合的音乐内容，埃夫兰的音乐小品更加鲜活生动。

谱例 14　埃利斯·埃夫兰《中国步态舞》9—18 小节，1901

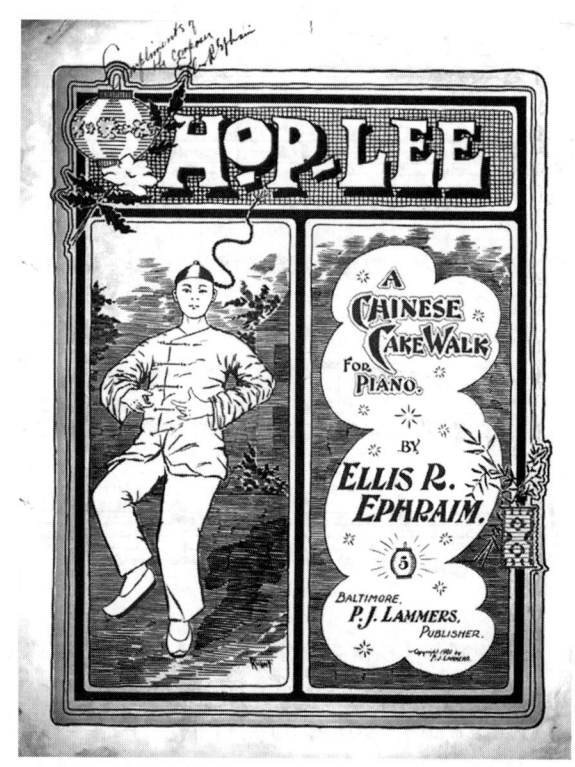

图 2　埃利斯·埃夫兰《中国步态舞》唱片封面，1901

叮砰巷音乐产业对于中国音乐和东方短乐句的热情一直维持到 20 世纪 30 年代末。笔者额外列举了一些例子，以供参考。

谱例 15　汉斯·范霍尔斯特恩《香港》，1917

谱例 16　乐博和雷·希伯伦《我的中国樱花》，1921

谱例 17　《歌女》，1930

## 四、1950 年至今

第二次世界大战过后，经过 20 世纪初不间断的探索和应用，东方短乐句已经被视作可以代表中国及东亚的最重要的音乐符号。音乐家，尤其是流行音乐作曲家在创作以东方为蓝本的音乐素材时，都不可避免地会借用东方短乐句的音乐形式。1957 年，莱昂纳德·伯恩斯坦（Leonard Bernstein）在音乐大师课上介绍中国民俗音乐时，甚至直接以东方短乐句为例子。东方短乐句开始被更加多元化地使用在不同的音乐体裁和文化媒介中，如摇滚歌曲《铃叮咚》（*Ling Ting Tong*）就插入了东方短乐句（见谱例 18），迪士尼电影《嘟嘟，嘘嘘，砰砰和咚咚》（*Toot, Whistle, Plunk and Boom*）中也直接插入了东方短乐句句式（见谱例 19）。

谱例 18 《铃叮咚》，1954

谱例 19 《嘟嘟，嘘嘘，砰砰和咚咚》，1953

即便至当代，东方短乐句的影响仍没有消退。除却《功夫对决》这首大热单曲之外，日本 2001 年超级黄油狗（Super Butter Dog）的热门单曲《时髦乌龙茶》（*Funky Oolong Cha*）也钟情于东方短乐句（见谱例 20）。

谱例 20 《时髦乌龙茶》，2001

## 五、结论

东方短乐句不仅流行于 19 世纪末至 20 世纪初的欧美音乐创作体系中，在第二次世界大战后也广泛地被大众媒体和流行音乐采用。从 19 世纪出现伊始，东方短乐句虽然历经了不同音乐风格的洗礼和无数音乐家的改编，但其节奏模式和旋律始终保持着基本的框架。音乐中国化是一个美学和感知的问题，东方短乐句的出现是西方人理想化东方的具体呈现。在如今全球化的时代背景之下，类似东方短乐句般有特殊历史和社会意义的文化产品或内容，值得我们去探究、学习和利用，深究其历史背景和文化价值，有利于我国在推广中华文化时更好了解不同文化背景的需求和特殊性。

**作者简介：**

霍英泽，山西大学音乐学院讲师。研究方向：移民音乐史、美国 19 世纪音乐、说唱音乐、音乐信息检索。

# 数字媒体在吴罗（四经绞罗）织造技艺传播中的应用*

朱轩樱

**摘　要**：随着科技的发展，中国传统手工丝织技艺逐渐淡出历史舞台，以织造难度高著称的吴罗（四经绞罗）织造技艺尤为少见。本文以吴罗（四经绞罗）织造技艺的传播为研究对象，通过分析吻合织造技艺传承与传播的媒介和载体，得到基于H5技术搭建的融合了资源区、交流区和商业区的数字化传播平台架构。织造技艺传承利用影像技术充实资料，三维技术演示织造过程以及DIY解析织机构造，让用户直观了解织造工艺，同时打通手艺人、用户、爱好者线上交流、销售与传播通道，让精美的吴罗（四经绞罗）织造技艺为更多的人所了解。

**关键词**：吴罗（四经绞罗）；织造技艺；数字媒体；传播媒介

数字媒体是以数字方式存在和以数字方式传播的媒体。[①]它涉及传播领域的各个方面，如影视、动漫、展示展览、虚拟仿真等。数字媒体将计算机技术和艺术表达相结合，通过数字影像、三维建模、趣味游戏等可视化图形与主动性交互行为，将人的理性思维与艺术感性思维融合起来，其传播手段和表现形式更加多元化和多样性，凸显出强大的融合性和交互性。

四经绞罗是我国古代一种技术性很强的奇特的丝织品种，是织物整个经面的经线按顺序依次链绞的链式罗。[②]四经绞罗历史悠久，工艺精湛，有着极高的艺术价值和文

---

\* 基金项目：本文系江苏省高职院校专业带头人高端研修项目（2020GRFX077）、江苏高校哲学社会科学研究项目 "'长三角一体化'战略下提升江苏文化软实力的策略研究"（2019SJA1318），江苏省职业教育技艺技能传承创新平台 "江苏省职业教育吴罗织造技艺技能传承创新平台" 阶段性研究成果。

① 孙为. 数字媒体中的动态文字设计[J]. 装饰, 2008（5）：81-83.
② 罗群. 古代优秀丝织品种——四经绞罗的复制实践[J]. 丝绸, 2002（7）：44.

化价值。由于其织造难度大，制作成本高，非一般平民所能消费，随着清代"高消费群体"的消失，这种织造技艺甚至一度失传。

1986年，苏州丝绸博物馆几经研究，试图恢复四经绞罗的织造技艺，由于现有的文献资料少，恢复难度极大，最终仅成功恢复了"素罗"。直到20世纪90年代，苏州斜塘织罗高手周家明，为了完成某订单，翻阅大量的历史资料和书籍，制作出四经绞罗组织结构模型和模拟织机，通过一年的精心研究和反复试验，成功研制出四经绞罗织机，并织出了汉代四经绞罗。至此，消失近300年的"四经绞罗—提花罗"这一织造技艺得以恢复。

## 一、吴罗（四经绞罗）织造技艺推广的困境

2013年，吴罗（四经绞罗）织造技艺（下文简称四经绞罗织造技艺）被苏州市政府列为第六批苏州非物质文化遗产代表性项目，2015年又入选江苏省第五批非物质文化遗产代表性项目。由于四经绞罗织造技艺恢复时间短，技艺难，市场应用度低，至2017年其成为苏州市非物质文化遗产代表性项目第一批濒危项目，迫切需要抢救性记录与挖掘。

### （一）织造技艺的复杂性制约传承

四经绞罗是罗中精品，由于织造工艺复杂，其被公认为罗中最难织造的品种。四经绞罗织造技艺不同于舞蹈、美术、民俗等直接依托于传承人的非物质文化遗产，绞经织物的织造技艺传承建立在传承人技艺、织机和织造场地三个维度之上，三者缺一不可。

目前，掌握四经绞罗织造技艺的传承人年事已高，相关手艺人寥寥无几，织造技艺再次濒临失传。织造四经绞罗所需的湿度条件给其推广和普及造成很大的困难；四经绞罗的织造对织机要求极高，每厘米经密度只要每上升十根经线就要重新改造织机，从恢复织造时每厘米64根经线到现在的100根，经过了无数次的改造试验；四经绞罗的织造对场地要求也极高，如大花楼织机机身长6米有余，高3.85米，宽1.5米，织造时需一上一下两人配合，织匠坐在下面往上看，挽花工坐在花楼上往下看，按照提花行本，配合机下织匠扳提束综进行织造，当挽花工听到啪啪啪三声碰筘声响，就准备扳提下一

步束综。①

## （二）织造技艺的高成本制约传播

四经绞罗最早发现于河南安阳殷墟商代妇好墓出土的连体甗和铜小方彝青铜器上，最早以完整丝织品出土的是湖南长沙马王堆一号汉墓（168BC）中的菱纹罗。这种轻薄透孔的丝织品在宋代最为盛行，南宋周瑀墓出土的四件罗制衣物都是四经绞罗，其中牡丹花罗尤其精美。明代以后四经绞罗已呈现减少的趋势，清代的罗织物中虽然还有四经绞罗，但已十分罕见，目前已知只有美国一家博物馆中藏有的一件清代龙袍的接袖上有不提花的四经绞罗，然而织造技术已十分低劣。

四经绞罗织造技艺复杂，在织造过程中需经过原料准备、织机造机、挑花结本等工序。在原料准备阶段，经纬线需选用高等级桑蚕丝，主要工序包括调丝、牵经、通经、摇纡等。织机造机工艺包含打泛头、打绞（脚）综、经线穿综、连接。挑花结本工艺主要包括花样设计、意匠绘制、挑花、捯花等。完成织造过程需经过二十多道工序。在织造时，经线和纬线的交织尤为复杂，只能手工操作，一个熟练织工，每天只能织出5厘米，织完一匹罗往往需要6个月时间。

由于织造成本与收益不相匹配，四经绞罗的织造工艺得以延续，全凭老一辈艺人的执着与虔敬心态，但这项工艺难以吸引年轻群体的参与。当前，四经绞罗的市场需求主要来自日本方面，而需求量也在逐年减少，国内主要用于出土文物的复制及博物馆研究样品，消费市场几乎为零，用户群体的缺失对其传播非常不利。

## 二、数字技术是吴罗（四经绞罗）织造技艺传播的客观需要

### （一）织造技艺传播的市场需求

据《中国移动互联网发展报告（2021）》统计，我国移动互联网用户规模稳步增长，截至2020年12月，中国手机网民规模已达9.86亿，而以移动端为载体的H5技术也随着用户需求的增加而在移动互联网上快速普及。庞大的网络用户为四经绞罗织造技艺发展打开了一扇窗，现借助数字媒体的综合性、传播的快捷性与广泛性等优势，充分运用新媒体技术丰富的展示方式，采用全息影像、幻影成像等形式，我们可以将四经绞

---

① 李海龙，吴眉眉. 吴罗[M]. 南京：江苏凤凰教育出版社，2022：156.

罗织造技全方位、立体、动态地呈现给观众，可以采用体验装置、触摸等交互方式，为观者提供沉浸式体验。四经绞罗织造技艺在现代技术的支持下，突破了传统丝织业的存在形态和静态展出模式，走进了当代人的日常生活，让更多人了解和感受了四经绞罗的历史文化和魅力，促进了罗织物的发展。

### （二）数字技术助推织造技艺的传播

非物质文化遗产的传承，主要依靠传承人的口传心授，脱离现实生活的传承是不切实际的。在人类发展的进程中，科技始终是第一生产力，对非遗的传承要着重聚焦于融入人们当下的点滴生活与活动。当前，数字技术介入非物质文化遗产的传承与保护基本是以记录为主，要保持非物质文化遗产的生命力、创造力，还需对其进一步开发。

在调研的过程中项目组发现，拍摄四经绞罗织造技艺的团队很多，但通过数字技术深度展示四经绞罗织造技艺的则寥寥无几。项目组提出在梳理四经绞罗的织造工艺、组织结构、经典纹样及织物特色等细节的基础上，用数字技术进行采集、复原、交互等，最大限度保留、还原真实的织造技艺，展示更多的织造细节，这种方法既可更新保存方式，也可拓展保护途径和传播渠道。

数字媒体具有精准化、碎片化、交互性强的特点，它的出现让四经绞罗织造技艺的传播方式向个性化、主动性与互动性方向发展，逐步推进了四经绞罗织造技艺智慧化传播。

### （三）织造技艺传播的媒介探讨

媒介是指能使人与人、人与事物或事物与事物之间产生联系或发生关系的物质。[①]媒介包含面向广大传播对象的信息传播形式，包括报纸、杂志、广播、电影以及网络等。四经绞罗织造技艺传播媒介当前主要有口头媒介、印刷媒介、电视媒介以及浅层的媒体媒介，推广中呈现的形式较为单一，推广深度也有待加强。四经绞罗是平台传播的核心，其内容直接影响着人们传播产品的行为。以怎样的方式和载体来传播才能提升四经绞罗的传播力、影响力？通过怎样的内容、技术和形态等方面的赋能平台才能让四经绞罗受到大众的注目？这是需要不停探索的问题。随着5G时代的来临，新媒体技术快速发展，媒介及媒介构成的传播环境都发生了深刻的变化，同时也更新了媒介传播的功能。对于濒临灭亡的四经绞罗织造技艺而言，充分利用各种媒介来传播自身形象，有利

---

① 张鸽萍.奥斯本智力激励法在媒介创意课程教学中的可行性分析[J].大学教育，2013（23）：120-121.

于建立新的圈子，扩大受众群体，提升品牌影响力。

H5 是 HTML5（Hyper Text Markup Language 5，超文本标记语言第 5 版）的简称，是国际中立性技术标准 W3C（机构万维网联盟）制定的网页技术标准。[①]HTML5 是指"HTML"的第 5 个版本，而"HTML"则是指描述网页的标准语言。"描述网页的标准语言"，其实就是网页文件的格式。浏览网页并在其中进行各种交互操作的过程，本质上就是浏览器下载了一个网页文件，然后"播放"或者"运行"这个网页文件的过程。

HTML5 作为超文本标记的第 5 次修改版本，它的交互技术兼容了 IOS 和安卓系统、PC 与各类移动终端设备，既可以点对点，又可以点到面、面到面地传播，突破了传统点到面的传播模式；本地轻应用存储技术，可使用户不需要额外安装手机软件，点开即用，可在多渠道、多媒体的任意终端访问相同的程序和基于云端的信息，为用户带来更便捷的体验，更短的启用时间和更快的联网速度，特别适合碎片化浏览。选择 H5 作为传播媒介可以让观众更便捷、更直观地了解四经绞罗的魅力，了解纺织技艺历史悠久的文化传承，了解四经绞罗纺织技艺中蕴含的中国传统审美文化。

## 三、数字技术拓展吴罗（四经绞罗）织造技艺的传播空间

非物质文化遗产是一种人与社会长期互动的产物，是在代代相传间不断融合、不断创新、不断发展的"活态"技能，可促进文化的多样性，提升人类的创造力。四经绞罗的织造是在机杼声中，在绞综、地综间的动态切换过程，静态的展示不能体现其织造魅力。数字技术以其展现的立体化、多样化，丰富的动态效果和便捷的交互性，让受众信息接受度大幅提升，可广泛应用于品牌传播、活动推广、产品展示、新闻传播、教育等领域。四经绞罗织造技艺作为中国古代优秀织造技艺，其更应借助数字技术，为社会大众提供趣味性的体验、现代化的展示空间和传播渠道。

### （一）跨平台技术扩展织造技艺传播的广度

H5 作为 21 世纪互联网的核心技术之一，拥有强大的便捷性，其新引进的语法特征能够在移动设备上支持多媒体，能更好地适应各种移动端设备，用户使用任何手机、电脑、平板，都能够在上面进行 H5 学习。H5 新的解析规则也增强了灵活性，增加了新

---

① 王志.基于 H5 技术的移动融媒新闻创新[J].新闻记者，2019（3）：10.

属性，淘汰了过时的或冗余的属性，真正地改变了用户的使用习惯。大众可以在各个时间、地点方便快捷地使用移动端进行浏览，从零碎学习转变为系统学习，克服学习方式上的局限性。利用 H5 技术传播四经绞罗织造技艺，能够更好地扩大四经绞罗织造技艺的受众群体，增加大众对四经绞罗织造技艺的认知。

数字技术可以实现文字、声音、动画等形式的多元展示，可使受众在视觉、听觉、触觉上体验到全方面感受。在 H5 技术的加持下，展示方式既有将精美图片组成上下、左右滑动的播放型；也有将产品细节从局部到全景、从理念到功能的展示型；又有设计虚拟环境让观众置身其中，沉浸式感受产品功能的体验型；还有以游戏的形式设计交互，让观者在游玩的过程中体验产品的游戏型；等等。多样化的展示方式，可以拓展四经绞罗的推广空间，也可拓宽四经绞罗的销售和推广渠道。

### （二）离线存储功能增加织造技艺展示的深度

随着互联网的快速发展，H5 技术特有的离线存储功能，使其不再限于用户的下载与联网，而是允许实现跨平台展示，且 H5 具有开发成本低、调试方便、更新自由、便于携带、不易损坏、不易丢失的特点与优势，因而传播的范围更广、传播速度更快、内容信息表达得更为直观。把四经绞罗织造技艺悠久的历史和 H5 技术相结合，有助于发扬四经绞罗传承人勤勤恳恳、孜孜不倦的工匠精神。

四经绞罗织造过程中的部分传统工艺如打泛头、提综等技艺，材料准备时的通经、摇纤等工艺，一旦脱离老一辈手艺人的手口相传，将难以形成详细准确的文字记录，也难以用文字来描述其精准的织造过程。将传统织机特征整合进现代数字艺术的创作中，通过模型制作、纹理绘制和动画制作等手段，我们能够保留织机各种类型的原始部件和数据，实现对织造技艺的科学、精确、持久保存，增加织造技艺展示的深度。

### （三）强大的互动提升织造技艺传播的力度

H5 技术不仅方便快捷，能扩大用户流量，也能以视频、动画等设计应用和丰富多彩的视觉感受，以第一视角的交互方式，把参与对象从被动变为主动，实现人对信息的主动选择，拉近平台与人之间的距离，赋予平台人性的温度与人文关怀的色彩。同时，H5 将信息与图形有机融合，生动的交互形式以及精美的图片，使所传达的信息更为生动有趣，从而提升用户的愉悦感和满意度，增强用户黏性。

选择 H5 为载体进行四经绞罗织造技艺传播的实践，符合当今在多渠道、多媒体的任意终端访问相同程序的需求。H5 技术能够充分运用新媒体丰富的展示形式，采用 3D

仿真、全息影像、幻影成像等形式将全方位、立体化、动态性的效果呈现给观众；采用体验装置、触摸设计等交互方式，为观者提供沉浸式体验。H5技术的应用有利于培养长期用户，增加用户使用平台的频率，突破传统丝织业的存在形态和静态展出模式。

## 四、数字技术赋能吴罗（四经绞罗）织造技艺传播的实践演绎

综上所述，采用数字技术展示四经绞罗织造文化，构建集资料、交流与商业为一体的传播平台，可以系统化、全方位、多角度展示四经绞罗的文化和全貌。四经绞罗织造文化的展示内容包括传统纹样、织造工艺、织造工具、历史渊源、出土文物、学术交流、趣味互动、论坛社群等；展示形式从平面到立体，有图片、文字、视频、模型等；互动方式有作品分享、社群交流、娱乐休闲等。

### （一）数字化传播平台的架构

四经绞罗织造技艺数字化传播平台基于H5技术，以四经绞罗相关资料为基础，形成多矩阵、发散式的展示、传播平台，构成四经绞罗织造技艺资源区、交流区和商业区三个模块（图1）。其中，资源区包含历史渊源、考古文物、织造工艺、织机构造、特色纹样、现状实录等原生态数字资料展示，供设计者寻找灵感，下载素材资源，方便爱好者了解罗的相关信息。交流区包含学术社区、创意开发、娱乐互动、DIY织机、社交网络、意见反馈几个板块。交流区通过多媒体互动、在线体验、学术交流、作品评论等交流环节，让受众在可产生互动的网络空间中了解各类资讯，同时展示国家和地区的方针政策。商业区设有直播平台、文创集市、论坛社群、SNS推广、创新社区以及服务专区，主要是贸易窗口，提供原生态产品和衍生产品的销售，带动四经绞罗织造技艺的发展。非物质文化遗产核心的传承方式就是"活态"传承，通过贸易才能更有效地传承和保护特色文化。总之，该平台抓住数字化展示与传播的特点，将视频展示、娱乐交互、趣味做题、社交评论、展示交易等融为一体。

该H5展示平台的目标用户为热爱丝织文化的群体，平台主要介绍吴罗（四经绞罗）织造技艺的相关资源，提供交流与推广渠道。平台主界面是以罗为元素的图形，画面汲取中国传统水墨画以浓淡变化营造层次变化的表现手法。在交互设计上以可用性和提升用户愉悦感为最终目的，平台通过作品画面中的指引性设计保证操作过程中交互的流畅性，使作品在受众的心中留下深刻的印象。平台通过细致介绍四经绞罗织机的基础部件，如实复原织造过程，使大众对四经绞罗织造技艺的基本认知更加清晰，让更多的人

认识并对这门传统技艺产生兴趣，从而愿意重拾这项传统技艺。

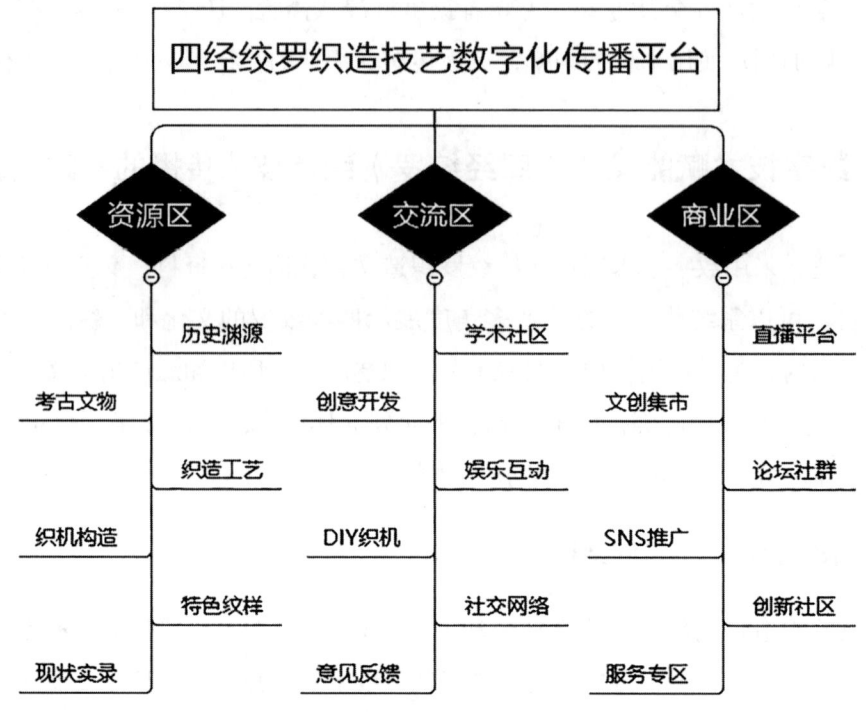

图 1　传播平台架构图

### （二）数字化平台的资源区建设

四经绞罗织造技艺在漫长的岁月中，形成了独特的丝织文化，在组织结构、织造工艺、纹样样式等方面都有独特之处。随着社会变迁、经济发展和区域的开放，四经绞罗的织造环境和使用场景都已发生了巨大变化，与此相关的服饰文化也相应地发生了变异及退化。四经绞罗织造技艺的复兴既需要继承传统，也需要创新诸多文化要素，要在不可逆转的滚滚时代车轮下，坦然顺应数字时代的到来。

四经绞罗织造技艺传播平台数字资源区，主要包含历史渊源、考古文物、织造工艺、织机构造、特色纹样以及现状实录，涵盖四经绞罗织造技艺的历史背景、地域特色、审美取向等文献资料。其中，最能反映当下织造情况的内容，当属省级传承人周家明老师的日常生活影像资料。该资料作为资料区中最重要的一部分内容，采用实录视频形式来展示，这种形式既能让受众直观了解织造工艺，又能保存一手原始资料。

周家明老先生是勤劳而又朴素的老一辈手艺人的代表。他坚守，几十年如一日，从少年至暮年，在各类织机之间穿梭；他踏实，为了复制还原四经绞罗，为了让经密度更密，不厌其烦，反复钻研；他低调，不喜欢去参与各类比拼；他聪慧，各种织机、织造工艺被他轻松玩转。在和他聊天时，不时见他用粗糙的手灵巧地翻动模拟各种罗纹的组织结构，在他身上，那种追求极致的工匠精神被表现得淋漓尽致。四经绞罗技艺在当今遇到的困境，也是很多非遗项目面临的问题，我们优秀的传统文化若想延续，需要更多像周家明先生这样的手艺人。

### （三）数字化平台的交流区建设

交流区最重要的是强调互动体验，通过展览展示、情景再现、场景体验、学术交流等方式，传播四经绞罗知识，形成聚群效益，使以四经绞罗织造工艺为代表的非物质文化遗产突破抽象概念与时空限制，走向具体化与日常化。

交流区之间板块功能明确，其中"学术社区"板块强调内容的权威性、创新性，可以共享学习资源，交流学习经验，是主流的学术交流场所；"创意开发"板块主要围绕四经绞罗以及罗织物相关内容展开文创产品开发；"娱乐活动"和"DIY织机"板块使受众以织造工匠的身份，认识织机，组装织机，制作织物，沉浸式体验四经绞罗的织造过程，激发受众的探索欲；"社交网络"板块主要是让普通用户开展日常的讨论交流，改变传统传播方式中信息的单向传递；而在"意见反馈"板块可及时了解用户需求，随时跟进用户提出的意见和建议。

模型是连接现实世界与数字世界的桥梁，仿真技术可以让复杂的织造现场真实再现，通过建模可以使模型相互关联，显示每个织造阶段的主体，在模型上加上动画效果，可以真实地展现四经绞罗的织造过程。首先，通过三维软件建模还原四经绞罗纺织机的结构图，展示织布机的细节部分。其次，给模型间加入动画，显示织造阶段的每个细节动态，真实展现织造工艺。最后，把介绍的相关内容，结合图形信息化技巧排版，让用户方便快捷地进行操作、学习和交流。平台在实践的过程中选择了四经绞罗的素罗机和花罗机进行数字化制作，图2为四经绞罗的素罗机。

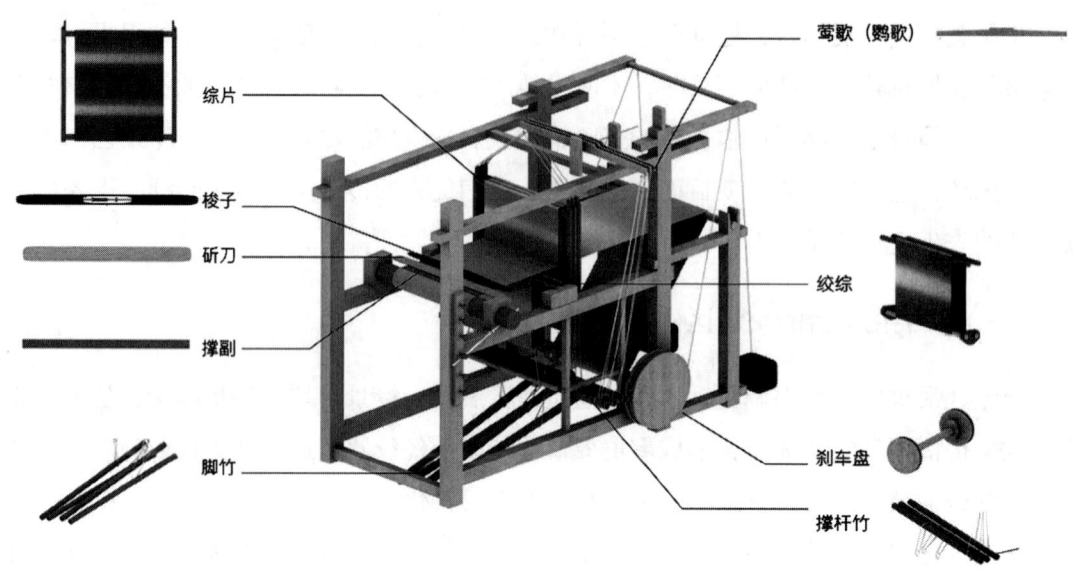

图 2　四经绞罗——素罗机的 3D 仿真图

### （四）数字化平台的商业区建设

四经绞罗织造技艺数字化传播平台商业区的主旨是以服务为导向，通过渠道、销售、商城的一体化建设理念，建立创意空间，让四经绞罗结合当下时尚元素，开发文化创意产品，开办文创集市，创造四经绞罗 IP 聚场和 IP 内容运营，从而打破物质空间、精神空间和社会空间的隔离，将四经绞罗的人文要素和资本要素完美结合。商业区设有直播平台、文创集市、论坛社群、SNS 推广、创新社区以及服务专区。

"直播平台"主要分享和织造技艺相关的内容，受众可以和主播通过弹幕、连麦及视频连线便捷交流。"文创集市"主要负责在保证知识产权的前提下出售传承人及普通用户自主设计的文创作品。"论坛社群"主导社群营销，通过文字、图片、视频等方式发布产品信息，了解目标客户的核心需求，扩大社群人员的社交圈，推广产品及服务。"SNS 推广"也是基于社交属性的信息载体，根据数据分析用户的兴趣爱好和人物属性，精准定位目标群体并进行信息传播，通过软文营销、人脉营销、口碑以及事件营销等方式进行产品的宣传与推广。"创新社区"主要是接受各种创意及反馈。"服务专区"则重点负责完成各种类型的售后服务，让买方有保障，让卖方有资源，搭建买卖双方信任的桥梁。

## 五、结语

四经绞罗织造技艺具有非常大的挖掘潜力，面对新的传播渠道与媒介，四经绞罗织造技艺的呈现方式多种多样，但始终不能丢失的是丝织文化的内涵。计算机仿真技术更加全面、立体、生动、逼真的演示方法使文物脱离地域限制，真正成为全人类可以"拥有"的文化遗产，这是一个美好的理想。对于四经绞罗的数字化实践问题，本文只提出了系统性的总体框架，初步探索了数字化传播平台的设计，具体的实施还需要进一步的研究与实践。

**作者简介：**

朱轩樱，苏州工业园区服务外包职业学院教师，硕士，副教授。研究方向：数字艺术、数字非遗。

# 戏曲视频线上传播略论

## ——兼谈抖音号"戏犹记"戏曲短视频创作[*]

周 飞 郑世鲜

**摘 要**：受新冠疫情影响，人类社会生活方式在短时间内发生了巨大变化。最直观的变化是人们更依赖互联网进行沟通，文字交流、语音沟通、视频会话如同见面交流，各种会议被移至线上开展。但生活离不开艺术的陪伴，戏曲的剧场演出借助网络直播迅速打开局面，在新媒体发展的助力下，戏曲的传播形式不断再生、衍发。从全程直播、长视频的共享方式到短视频的碎片式表达，戏曲从转换传播媒体到资源的创造性转化，可以说正走上一条顺应互联网发展的新路。近年来这条新路越走越宽，从传播效果看，呈现出多样、新颖、快捷等特征。

**关键词**：戏曲视频；线上传播；短视频创作

## 一、戏曲视频线上传播模式分析

在新的网络技术支持下，戏曲传播的载体和媒介发生了巨大改变，这些改变无疑为戏曲本体在形式和内涵上注入了新鲜血液。在新媒体语境下，传统戏曲与网络数字技术深度融合，呈现出多元的戏曲传播模式。这些模式主要有戏曲的线上云演播、戏曲视频的二次创作和戏曲视频的转化再利用三种。

### （一）戏曲的线上云演播

这一模式主要指戏曲借助线上平台对演出内容进行直播或重播。自2020年以来，大量戏曲院团的演出通过云演播实现了线上传播，线上艺术迎来"黄金时代"。到2022

---

[*] 基金项目：本文为2021年度文化和旅游研究院所"青年科研人才扶持计划"（文旅部办科教发〔2021〕177号）的阶段性成果。

年，全国各地的重要艺术盛事都有通过线上直播平台进行传播，如2022年8月开幕的戏曲百戏（昆山）盛典通过数字直播推出11台大戏、20台折子戏组合，为观众提供了"数字戏曲盛宴"；2022年9月开幕的第十三届中国艺术节对参评剧目也进行了全程直播，全国观众共享高水平的戏曲演出，线上线下的联动展演已经成为戏曲行业的新趋势。

与此同时，各大平台相继加入了戏曲直播助力计划。2022年，抖音平台推出"DOU有好戏"计划，重点助力剧团和演员线上直播，计划在未来一年至少帮助10家院团、1000名专业戏曲演员打造线上第二剧场。推出相关戏曲直播活动的视频平台还有哔哩哔哩、快手等。线上云演播凭借其即时性打破了剧场传播的时空限制，使观众足不出户就能欣赏丰富的戏曲演出。

2020年以来，线下演出场次锐减，线上云演播顺势成为剧团自救的重要方式。江苏省演艺集团昆剧院曾尝试观众付费观看线上演出的方式，并取得初步成功。2020年1月19日，"2020春风上巳天云看戏"第一期上线，4场累计收入近4万元，剧院悉数捐往武汉协和医院，这是新冠疫情期间全国首个付费直播的戏曲演出。一炮而响后，"春风上巳天"连做三期"云看戏"付费直播。2020年8月17日至9月2日，该团创排的昆曲《世说新语》在哔哩哔哩首发，一周两集，六集追番，付费收看，每集18.8元，此昆曲成为哔哩哔哩首部付费直播戏曲剧目。这些尝试体现出了国有文艺院团在疫情之下利用线上开辟传播新路、创造收益的创新和努力。

在平台直播中，用户除了观看表演，还能与演员（主播）实时互动、交流，极大地提高了观众的参与度，激发了他们对传统戏曲的兴趣与热情。直播过程中观众的打赏也为戏曲从业者提供了新的收入渠道。越来越多的专业戏曲演员和剧团开通了平台直播账号，将其作为线下演出之外新的戏曲传播阵地。比如，江苏省兴化市淮剧团于2021年8月在抖音开通直播，每天直播，持续至今。该团的直播演出一般由剧团正在培养的青年演员承担，他们演唱淮剧经典唱段，人气高时有一千余人同时在线观看。抖音直播平台俨然成为剧团的"第二剧场"。再如，淮剧名家陈澄从2017年开始试水新媒体平台戏曲直播，2020年后她在线上直播投入了更多精力：2021年进行了16场直播，2022年1月至3月进行了25场直播，直播平台成为她与观众交流的全新渠道。

线上云演播除了可以线上直播，还可以在某一特定时间播出线下已经上演的经典剧目的影像。这一模式能够让我们触达戏曲最真实的面貌，但其传播范围仍局限于狭小的戏迷圈子。线上直播对于传播者而言有较高的技术准入门槛，成本比较高，这些都限制了戏曲更广泛的传播。

### (二)戏曲视频的二次创作

这一模式主要指利用技术手段对原始戏曲音像资料进行剪辑和二次创作,最具代表性的方式就是戏曲短视频。

随着移动终端的普及和网络提速,短平快的大流量传播内容逐渐获得各大平台、粉丝和资本的青睐。与戏曲线上云演播完整还原戏剧艺术演出全貌不同,戏曲短视频是将戏曲艺术内容进行拆分重组,选择其中精彩、有趣的部分,制作成有内在关联又能瞬间抓住观众眼球的短视频内容,从而产生大规模的传播效果。

2019年,抖音平台与中国戏曲学会等单位共同举办了"DOU艺计划——短视频昆曲艺术专场",江苏省演艺集团、江苏省演艺集团昆剧院、江苏大剧院、南京大学新闻传播学院都宣布加入这一计划。仅以"谁说昆曲不抖音"挑战赛为例,参与该挑战赛的短视频播放量超过272万次,用户自发发起的话题"昆曲来了"播放量超过218万次,这一传播效应远超昆曲艺术传统的传播方式。

近些年,江苏省不少地方剧种的剧团和演员也注册了抖音账号,在账号上实时分享剧种动态和经典唱段。由于视频平台拥有相对科学的算法,短视频被精准投放给受众,其"小而精""高流量""低门槛"的特点使戏曲得到更广范围的传播,地方戏曲剧种得以更高效地与自己的受众群体建立起交互式的连接。

然而,戏曲短视频传播内容的"微型化""碎片化"具有明显的局限性。局部信息的拼接和剪辑难以呈现戏曲艺术的完整面貌和真实情态,如若为了吸引眼球、追求流量,可能会出现注重内容刺激性和新奇性的偏向,甚至对戏曲内容进行恶搞,这些不当的偏向将严重消解戏曲艺术的严肃性。

### (三)戏曲视频的转化再利用

这一传播模式是指将存放在电台、电视台、艺术档案馆、图书馆中的戏曲视频资料进行分类整理,在经过一定研究的基础上,转化制作成戏曲文化产品,包括戏曲专题片、戏曲专题(专栏)等各种形式,并在合适的线上平台传播。

例如,江苏省文化艺术研究院在其公众号开辟的"江苏艺术档案·戏曲"专栏,通过充分研究院藏戏曲艺术档案,撰写江苏地方戏各专题的普及性文章,将院藏视频资源有效嵌入,既活化了典藏戏曲资料,又具有理论价值和戏曲普及意义,抽象的理论与具象的视听资料之间相互佐证、解读,大大增强了可读性和传播效果,也适应了不同层次读者的需求。

需要注意的是，戏曲资源的转化再利用模式对视听资料的版权有一定要求，对创作者本身的研究能力和水平也有较高要求，因此这一模式需要的创作周期和筹备时间相对较长。

## 二、戏曲短视频创作实践及案例分析

为实现对地方戏曲相关艺术研究成果的创造性转化、创新性发展，2021年文化和旅游部科教司以"地方戏曲研究和线上传播模式探索"为题，启动了文化和旅游研究院所青年科研人才扶持项目，全国共入选35个项目。经过半年的准备，2022年7月1日，文化和旅游研究院所青年科研人才扶持官方账号"戏犹记"在抖音平台正式上线。笔者认为，要做好各地戏曲短视频创作，最终实现戏曲剧种的百花齐放与戏曲艺术展示的遍地开花，创作团队需要具备较强的专业素养和选题分析能力。

### （一）专业素养：戏曲功底、技术支撑

戏曲短视频传播始终遵循"内容生产—流量收割—流量转化"[①]的基本原则，内容始终是视频创作的核心竞争力。短视频的传播影响力由视频内容质量的高低决定，更新缓慢、风格单一、内容呆板的账号很容易就被淹没在海量的短视频账号中。因此，戏曲短视频创作应该建立起专业化的运营团队，具备专业素养，视频创作者和运营者一方面要拥有戏曲功底，另一方面也要具有媒介素养、网络应用水平和视频剪辑制作能力。

"戏犹记"账号的内容皆由入选项目的文化和旅游院所的戏曲专业研究人员提供。为了推出高质量和高水平的短视频，各文化和旅游院所组建了专业化的创作团队。团队中通常既有戏曲院团的从业者和研究人员，又有专业的新媒体运营人员，能够为视频创作提供戏曲专业知识和技术运营能力的双重保障。以江苏省文化艺术研究院的团队为例，团队负责人长期从事戏曲史论研究，长期关注本省戏曲剧种和本地剧团、剧目和演员，能够提出合适的选题，撰写戏曲视频文案，能够对整个视频创作过程进行质量把控；团队主力之一来自本地院团，浸润剧团多年，对剧种前史和现状十分了解，在视频段落与选题匹配度上足够专业，并能够把选题落实为具体的粗剪视频；团队主力之二是视频摄制和剪辑的专业从业者，能够熟练地对视频风格和内容进行优化，形成高质量、高水准的短视频作品。

---

① 林功成，张志安，郑亦楠. 媒体抖音号的现状、特征和发展策略[J]. 新闻与写作，2019（3）：46-54.

各地短视频创作团队将剪辑好的短视频作品发送给项目组初审，再经专家复审。团队根据专家的反馈意见进行认真修改，形成的成品视频再经专业人员统一包装，最后在"戏犹记"账号上定时发布。专业的团队配备，严格的视频创作、修改流程，充分保证了视频的专业水准和艺术水准。

### （二）选题分析：系列选题、优先特色

在开始创作短视频之前，各负责人应做好前期选题规划，尤其应注重根据本地戏曲资源及其特色，进行系列选题策划。结合江苏省文化艺术研究院团队一年来的创作实践，笔者认为完成一个项目周期内的戏曲短视频创作大致需要以下几个步骤。

第一，梳理资源。在对本地戏曲资源梳理过程中，团队应有目的地寻找能够凸显本地戏曲特色的音视频资源，根据音视频资源进行分类，再提炼形成若干主题。

比如江苏省文化艺术研究院团队的戏曲短视频创作，定位为传播与推介江苏本土的戏曲样态。江苏是文化大省，也是戏曲大省，全省戏曲剧种多样，历史悠久，剧目丰富，表演艺术独特，发展速度快，各类艺术人才辈出，独树一帜。昆曲被誉为"百戏之祖"，起源于苏州昆山，并以此流播开去，滋养了无数地方剧种。2001年，昆曲艺术名列联合国教科文组织首批"人类口头遗产和非物质遗产代表作"榜首，拥有了世界性的影响力。悠久的历史，巨大的影响力，丰富的剧目和表演形态，是团队选择昆曲作为江苏戏曲代表的重要原因。此外，江苏的地方戏锡剧、扬剧、淮剧较有代表性，可选择创作。丹剧、通剧、海门山歌剧作为江苏的小微剧种，也可以选择创作。

面对全省二十余种戏曲剧种，鉴于项目周期，创作团队并没有追求面面俱到，而是在梳理具体的音视频资源过程中，逐步确定以具有江苏本土特色的昆曲、锡剧、扬剧和小微剧种通剧等作为推介剧种。

第二，提炼主题。确定了推介剧种后，团队在梳理音视频资料的过程中，发现仅昆剧视频资料就能提炼出三大主题：名剧与传承、名段与江苏、名曲与创新。锡剧、扬剧和通剧的主题确定为戏曲音乐特色介绍和名剧名段介绍。

第三，聚焦选题。根据提炼的主题，团队再回到现有音视频资料本身，进一步提炼该主题的推广信息点，与此同时，将可以形成系列主题的视频资料初步剪辑出来，成为初剪资料。

昆剧的"名剧与传承"主题，推广信息点可以定位为"经典剧目的传承及戏曲师徒口传心授"。现有资料中有《牡丹亭》一剧的姚传芗、张继青、孔爱萍、单雯四代传承版本，《桃花扇》一剧有"石小梅—钱振荣""施夏明—南昆培训班"私房本戏的传承

版本，《铁冠图》一剧有"柯军—京昆青年演员"京昆不分家跨剧种传承版本，《双珠记·投渊》有胡锦芳、龚隐雷、徐思佳的三代传承版本等。

昆剧的"名段与江苏"主题，推广信息点可以定位为"经典剧目中所提到的江苏地域文化和人文标志"。如《桃花扇·题画》与南京夫子庙，《史可法·沉江》与扬州，《牡丹亭·惊梦》的"不到园林，怎知春色如许"与苏州园林，《南柯梦》〔清江引〕唱段与梵呗吟唱所在地常州天宁寺，等等。

昆剧的"名曲与创新"主题，主要是对近几年江苏新创作的昆剧做推广，信息点可以定位为"昆曲传统剧目与传统审美的当代呈现"。比如《眷江城》〔九转货郎儿〕与《长生殿》〔九转货郎儿〕的创新，《瞿秋白》中〔上小楼〕的创新，等等。

锡剧、扬剧和通剧的主题为"名剧名段与戏曲音乐"，信息点可以定位为"江苏地方戏曲音乐唱腔的多彩纷呈"。比如锡剧〔簧调〕〔铃铃调〕、扬剧〔大陆板〕、通剧〔得得调〕介绍等。

通过对资料的进一步细分、归类，视频创作的思路也随之清晰。

第四，撰写戏曲视频脚本。在确定了创作思路并有了初剪材料后，团队需要给每一个短视频撰写简要脚本，以便视频剪辑人员顺利编辑。短视频脚本的撰写，相当于导演完成了一个短剧的调度。下面以短视频"《牡丹亭》四代传承"为例。

《一支曲·五代人》脚本

【片花】张继青《牡丹亭·游园》："春香，不到园林。"

【转场】直接切换

【片花】胡锦芳《牡丹亭·游园》："怎知春色如许。"

【转场】溶入

【片花】孔爱萍《牡丹亭·游园》："原来姹紫嫣红开遍。"

【转场】速切，可做闪现效果

【片花】单雯《牡丹亭·游园》："似这般都付与断井颓垣。"

【转场】速切

【片花】张继青《牡丹亭·游园》："良辰美景奈何天，便赏心乐事谁家院。"

【转场】溶入，做旧效果

【画面】四代人《游园》定格画面按序出现

第五，编辑视频与修改。视频剪辑人员按照脚本剪辑出初稿后，需经过项目组多次讨论修改才能定稿。讨论修改的内容主要集中在解说文字及介绍性文字是否准确，是否选择配音（画外音），相邻两段视频的衔接处画面比例是否协调，剪辑溶入的效果是否需要调整，不同视频剪辑连接后画质、音量、色彩、饱和度等是否协调，是否需要补拍镜头，配乐的衔接是否准确卡点等方面。

比如《一支曲·四代人》短视频的制作在初剪样片后，进行了如下讨论及修改。

**第一次讨论后的修改意见有：**

（1）前后加片头片尾。

【片头】四代人·一支曲，配乐；

【片尾】黑底字幕：代代相传《牡丹亭》；

（2）加四位演员的剧照、生活照，加演员介绍字幕（放上屏）。

【画面】四代人《游园》定格画面按序出现，配字幕、生活照，向上滚动

【字幕】按序：

张继青　江苏昆曲第一代表演艺术家；

胡锦芳　江苏昆曲第二代表演艺术家；

孔爱萍　江苏昆曲第三代表演艺术家；

单　雯　江苏昆曲第四代青年名家。

（3）转场做好衔接，音乐也要衔接好，四代人的画质、音量再协调一些。

**第二次讨论后的修改意见有：**

（1）视频 2 分 24 秒之后（视频结尾处），音乐再放长一点，字幕结束音乐再结束。

（2）"代代相传牡丹亭"改为"代代相传《牡丹亭》"。

（3）片尾和片头字幕顺序对调。

（4）49 秒处"胡锦芳"应为"孔爱萍"。

### （三）抖音"戏犹记"账号视频案例分析

截至 2022 年 9 月底，抖音"戏犹记"账号推出了一系列高质量的戏曲短视频，这些视频来自全国各地科研院所，以丰富的内容、多元的形式展现出了数十种戏曲剧种的多姿多彩。现以江苏省文化艺术研究院团队推出的传承传播、名剧名段、戏曲音乐、好戏有一段系列短视频为例，一窥"戏犹记"账号视频内容创作的整体特征。

传承传播系列。截至 2022 年 9 月底，在"戏犹记"账号已经发布的短视频中，江苏省文化艺术研究院团队推出的传承传播系列，已有三个短视频发布，分别为"代代相传昆曲《牡丹亭》""桃花扇底浓情消""昆曲《双珠记·投渊》三代传承"。

"代代相传昆曲《牡丹亭》"是该团队的第一个视频，也是"戏犹记"账号发布的第一个视频。《牡丹亭》是明代戏曲家汤显祖的代表作，是古典四大名剧之一。该剧自

明代传承至今，是昆曲舞台上的经典之作。而江苏省演艺集团昆剧院的《牡丹亭》更是院团的压箱之作。院团第一代演员张继青即以《惊梦》《寻梦》《痴梦》驰名海内外，此后代代传承。"代代相传昆曲《牡丹亭》"的短视频选取了《牡丹亭》最经典的〔皂罗袍〕选段，从张继青念"春香，不到园林"的对白开始，胡锦芳、孔爱萍、单雯依次接唱"怎知春色如许。原来姹紫嫣红开遍，似这般都付与断井颓垣"，最后以张继青"良辰美景奈何天，赏心乐事谁家院"的演唱作结。短视频将省昆四代人的演绎视频剪辑在一起，展现了省昆版《牡丹亭》的传承过程。

"桃花扇底浓情消"是昆曲传承传播系列的第二个视频，选取了同样是省昆代表作的《桃花扇》。视频撷取了《1699·桃花扇》、南昆传承版《桃花扇》中的经典片段：侯方域扇上题诗，李香君血溅定情，史可法沉江殉国。结尾更是将石小梅、钱振荣、施夏明三代"侯方域"决心出家学道、拖衣而行的镜头递次剪辑在一起，在"白骨青灰唱艾萧，桃花扇底送南朝，不因重做兴亡梦，儿女浓情何处消"的伴唱声中视频收束，这既能体现传承之意，也能充分展现出《桃花扇》一剧兴亡之寄的意蕴内涵。

除了《牡丹亭》和《桃花扇》这两部家喻户晓的名剧，团队还选择了一出昆曲折子戏——《双珠记·投渊》。视频将省昆三代人胡锦芳、龚隐雷、徐思佳对同一段内容的演绎剪辑在一起，着力展现昆曲舞台上做工身段的传承，三代人的表演既有共性的继承，也有个性的演绎，体现出"传承，不仅仅是复刻，更是发展"的深刻主题。

好戏有一段系列。除了传统剧目，团队还关照到昆曲的现代戏创作，选择了昆剧《瞿秋白》作为传播对象。视频聚焦于瞿秋白和鲁迅这两个主要角色，整合了两个人物的排练片段、创作讨论和演出选段，全景式呈现出了《瞿秋白》一剧的创作过程。

名剧名段与戏曲音乐系列。这一系列主要是对江苏地方剧种锡剧、扬剧、通剧的推介，选择了上述剧种的经典名段进行传播和推广。为了展现江南剧种细腻婉转的特色，扬剧选取的是《百岁挂帅》中的〔登高丘〕唱段，以及折子戏《鸿雁传书》中的〔大陆板〕唱段；通剧选择的是最具标志性的唱腔〔得得调〕；锡剧选择的是《显应桥》中的〔铃铃调〕和《大风歌》中的〔簧调慢板〕。这个系列的视频将唱段欣赏和知识介绍相结合，以点带面，以最具代表性的唱段来吸引观众停留和聆听。

## 三、戏曲短视频传播效果提升策略

戏曲短视频在新媒体平台呈现出较好的传播势头，但在纷繁复杂的网络平台，优秀的戏曲艺术既有可能在网络爆点事件中脱颖而出，也有可能在海量驳杂的信息世界与娱乐化的环境中被吞噬和淹没。要想持续实现戏曲短视频传播效果最大化，需要在熟悉平台特点的基础上利用好平台；需要增加戏曲受众与平台受众重叠面，减少虚假传播与无效传播；需要以提高内容质量为首要任务，做好创作的系列规划。只有如此，戏曲短视频才能够依托平台内在优势，输出专业高效的创作，真正抵达受众，从而不断开辟戏曲传播的新赛道。

### （一）在熟悉平台特点基础上利用好平台

以抖音为代表的短视频平台，其特点在于用户规模大，通常采取"全民"定位的方式来进行推广，能够有效实现下沉式传播，触达的人群覆盖面更广。短视频平台每一个区域中的用户都是以网状的结构连接的，用户可以有效互动。同时，短视频平台充分利用了用户的人脉网络，进一步加速了信息的扩散，使视频的快速传播成为可能。短视频平台的视频类型丰富，形式多元，平台内置了许多特色化的拍摄技术，使视频内容更具有趣味性和吸引力。短视频平台借助核心算法能够根据用户的爱好和需求进行内容匹配，实现精准投送和传播。与短视频平台相对的是中长视频平台，以哔哩哔哩为代表。与短视频平台相比，中长视频平台的视频内容具有丰富性和延展性，其用户群更为年轻化，用户的忠诚度和粉丝黏性更强。

从视频内容上看，短视频平台上的戏曲内容海量涌现，泥沙俱下，纷繁驳杂。一方面，抖音平台相继涌现出一批专业化、高质量的戏曲视频创作。如"中华淮剧"推出了一系列的淮剧翻唱视频，将戏曲音乐和流行音乐相结合，收获了巨大流量。上戏"416女团"的京歌翻唱也备受追捧。专业的制作水准，年轻化的形式风格，对热点的及时追踪，使这些作品得以从海量的视频内容中脱颖而出，赢得青睐。

但另一方面，戏曲短视频创作也存在碎片化、模板化、趋同化等问题和困局。为了吸引普通观众欣赏和接受戏曲，短视频创作者通常会对戏曲进行元素的拆分，从唱腔、服饰、文本等单个元素着手，选择有"爆点"的片段，或是聚焦局部环节去吸引流量和关注。有的方式确实迎合了网络用户的文化偏好和心理需求，得到了关注，但这仅限短暂的视听刺激，很难激发起观众持续深入了解的热情。纵观各个平台高流量的系列视频，戏腔翻唱是其中绝对的主流，越来越多的专业和非专业创作者加入这场"内卷"，这类视频确实助推了戏曲在新媒体平台上的进一步传播，但同时带来的是戏曲类视频的同质化和模板化，长久下去必然会造成用户视觉听觉的审美疲劳，也将挤压更专业、更多元化的戏曲创作视频的生存空间。

在熟悉平台特点的基础上，要用好平台，就是要树立正确的新媒体意识，熟谙平台的话语体系、传播手段和传播思维，熟练掌握平台的智能算法和规则，力求每个环节都以标准化、专业化的水平高效运转，从而保证视频作品的持续输出。

## （二）增加戏曲受众与短视频平台受众重叠面，减少虚假传播与无效传播

伴随着社会生活的变化，戏曲传播经历了舞台传播、电视电影媒介传播、网络传播时代，进入自媒体传播时代。从不同时代的欣赏习惯就可以判断，并非谁"抢"了谁的观众，而是日益变化的传播方式在潜移默化地改变戏曲观众的欣赏习惯。戏曲发展拗不过时代发展的大势，在做好传统戏曲保护和发展的同时，顺应时代，充分对标当下生活方式，或许可以另辟一条戏曲突围的新路。

以往戏曲文化在短视频平台的传播过程中，存在着形式守旧的问题，将具有较高欣赏门槛的戏曲艺术原生态地置放进现代的传播语境中，观众会难以适应与接受。因此，创作者必须熟悉短视频平台的用户偏好，通过与短视频平台用户乐于接受的文化样态的嫁接来传达戏曲文化的内涵，打通文化之间的壁垒，引发观众的认知兴趣，达成文化的认同。

由于短视频平台的受众下沉势态明显，因而许多流量高的戏曲小视频的场景、造型、演唱曲目都十分"接地气"，这一类戏曲视频在短视频平台上有很多的受众。同时，短视频平台又拥有许多年轻受众，他们也是戏曲传承和传播最重要的目标用户。戏曲的短视频平台传播应该借助适度的现代化包装，让戏曲艺术主动与流行文化联合，提升传播的趣味性和吸引力。比如，"麒麟剧社"联合王梦婷、贾怀胤等青年京剧演员改编的新京剧《盘丝洞》，加入了京剧版《白龙马》和《卡路里》的改编唱段，表演诙谐幽默，受到短视频平台用户的追捧。

此外，在短视频平台上，道具、滤镜、贴纸、音效、转场等是视频制作重要的特效手段。例如，抖音平台在 2018 年还为戏曲文化推出了"变脸""大头脸谱""我是个角儿"等脸谱特效。戏曲传播也应该贴合短视频平台的实际语境，运用短视频平台用户喜闻乐见的呈现手段，丰富和改进戏曲的短视频创作。

最新的《2021 抖音数据报告》[1] 显示：在抖音，1557 个国家级非遗项目覆盖率达 99.42%，相关视频数量同比增长 149%，累计播放量同比增长 83%；而在抖音最受欢迎的十大非遗类项目中，戏曲已经占据了大半江山。《2022 抖音戏曲直播数据报告》[2] 显示，抖音平台已经有 231 种戏曲开通直播，2021 年一年抖音戏曲直播超过 80 万场，累

---

[1] 资料来源：https://new.qq.com/omn/20220105/20220105A0D5HG00.html。
[2] 资料来源：https://mp.weixin.qq.com。

计看播人次超过 25 亿。

面对如此海量的数据和轰轰烈烈的传播，我们还应看到繁华背后的无效传播和虚假传播。短视频平台大数据算法是根据用户喜好来筛选信息并进行智能化推荐的，因此，平台上涌现出越来越多同质化的内容。由此导致的信息茧房和无限制的模仿，会造成受众审美疲劳；碎片化的传播和用户浅层的认知，难以让受众产生走进剧场的具体冲动；违规、泛娱乐化的视频内容，会损害戏曲艺术的审美品格；高曝光、高流量的戏曲短视频，只能吸引猎奇的观众短暂观看。此外，网络上不时还会传出因为各种目的而买流量、买后台数据的负面新闻，让"迷幻"的数据再添浮云。

面对种种乱象，戏曲从业者更应当有清醒的认识，要克服戏曲传播中存在的浮躁心理和盲目心态，在进行创作时，必须要对戏曲艺术保持足够的尊重，要在遵循戏曲艺术规律的基础上，创作出符合戏曲审美的作品。平台也应该加强对短视频发布的审核管理，对优质内容传播者进行鼓励，以此提升优质传播者与受众耦合的数量，营造良好的传播生态，真正助力戏曲艺术在短视频平台良性、健康、常态传播，打造绿色优质的平台环境。

### （三）做好系列规划，提高内容质量

短视频平台存在着一些低质重复的内容和噱头式的作品，戏曲艺术真正的光华无法充分展露，戏曲传播的热度与效率也无法延续。如何让戏曲的短视频平台传播摆脱短期效应的"魔咒"，产生持续而高效的传播效果，这值得深思。"系统规划，长效机制；创意驱动，内容为王"或许是戏曲在短视频平台实现优质传播的关键。

制订系统性的戏曲短视频创作计划，以系列创作助力形成品牌效应。戏曲创作要形成常态化生产和运营机制，以系列视频的形式持续更新，在长期的创作实践中打造出内容上的品牌效应，最终通过多元化、多维度、高质量、成体系的内容生产，形成戏曲视频创作的矩阵，开拓戏曲短视频的生存和发展空间。

戏曲短视频制作还应该深入挖掘戏曲深层次的内涵，要关涉戏曲文化的方方面面，不仅包括对其表演形式、发展历程、经典唱段、服饰妆容的专业化、趣味化呈现，还包括对演员化妆、彩排等舞台背后戏曲生态的生活化展示，同时又要守住戏腔歌曲的创作阵地。当下，戏曲新媒体传播风头正盛，更要警惕戏曲短视频高密度的"轰炸"和高流量的"曝光"。只有真正提高戏曲类短视频整体审美水平，尽力实现宣传的有效转化，引导短视频观众从浅尝辄止、浮光掠影和表象式欣赏转变为走进戏院，真正关注舞台表演，最终才能实现短视频的有效传播。

## 四、结语

戏曲短视频线上传播为戏曲的传承与发展开辟了一条新路,新媒体的快速发展为戏曲艺术的传承与发展构筑了新场域与新空间,提供了新路径与新方式。面对新的机遇与可能,戏曲从业者应该审时度势,展开对戏曲艺术多层次、多样化的传播形式探索,将传统戏曲与新媒体进行对接,用独具特色的艺术表达,向更广阔的受众传播戏曲艺术的文化精神和审美价值,引导更多的网络观众从娱乐到欣赏,从欣赏到喜欢,从喜欢到走进剧场,从而促进戏曲生态的底层修复,为戏曲艺术的传承与发展注入更多的活力。

**作者简介:**

周飞,中国传媒大学艺术研究院在读博士生,江苏省文化艺术研究院研究馆员。研究方向:艺术史论与艺术传播学。

郑世鲜,江苏省文化艺术研究院助理研究员,研究方向为戏曲史论与艺术传播学。

# 地方文联在中华传统艺术当代传承中的组织效能考察分析

## ——以安徽省蚌埠文联为考察对象[*]

吴衍发

**摘　要**：中华传统艺术的当代传承既是地方文联的历史使命，也是其重要的组织目标。地方文联具有地方性、专业性和广泛联系性等特征，是传统艺术当代传承的关键环节和主要组织力量，因而其组织效能成为影响和决定传统艺术当代传承的关键因素。在对地方文联传承中华传统艺术的一般做法与成效、存在的主要问题和根本原因进行考察和客观分析的基础上，笔者提出相应的对策和建议，期冀对地方文联提升其组织效能有一定的参考价值。处于改革转型时期的地方文联，正立足于新的发展与成长阶段，结合其工作实际和中华传统艺术的当代传承状况，笔者认为从功能、结构、机制和环境等方面进行改革创新和转型发展，有助于推动其组织效能提升和地方文化事业繁荣发展。

**关键词**：地方文联；组织效能；传统艺术；传承保护；改革转型

中华传统艺术是在中国传统农耕社会生长起来的由农村走向城市的传统艺术形式，因而地方传承力量和组织化程度对推动中华传统艺术的当代传承来讲意义重大。地方文联是一种专业性很强的地方性文学艺术界人民团体，具有地方性、专业性和广泛联系性的特征，是中华传统艺术当代传承的关键环节和主要组织力量，其组织效能的提升更是影响和决定中华传统艺术当代传承的关键因素。

---

[*] 基金项目：本文为2019年国家社科基金艺术学重大项目"中华传统艺术的当代传承研究"（19ZD01）阶段性成果。

## 一、地方文联在中华传统艺术当代传承中的地位与作用

中国现代化的路径探索和四十余年的改革实践已经充分证明，中华传统艺术的当代传承是新时代弘扬中华文化精神、树立文化自信的重要命题。从对推动文化艺术当代传承的组织力量上来讲，地方文联必然担负起新时代中华传统艺术当代传承的重要使命，同时其也成为地方文联所要努力的重要方向。

组织是作为实现特定的目标和一系列的目标的工具而存在的。① 换言之，组织是开展任何工作的一种手段或工具。正式组织是指为了达到某种共同目标，将行为彼此协调与联合起来所形成的社会团体。② 所以，组织是中华传统艺术当代传承的重要载体，组织化程度和组织效能则是实现其当代传承的重要保障。所谓组织效能，亦即组织目标的达成度。按《大辞海·词语卷》解释，"效能"有两种含义：一是指行为主体为组织、他人或某个特定目标效力；二是指事物所蕴含的积极的作用。③ 文联的组织效能，强调的是文联的组织职能及其作用发挥。所以，文联在中华传统艺术当代传承中的组织效能，是指它在传统艺术传承实践活动中所起到的一系列积极的作用或效果，表现为中华传统艺术当代传承目标的达成程度。

中国文联组织是中华传统艺术当代传承的关键环节，其组织力量和组织化程度是影响其组织效能的关键要素。中国文联的产生、发展及其职能演进是历史形成的。中国文联在党和人民的深切关怀和殷切期望中走过了七十余年的奋斗历程。2016 年 11 月，习近平出席第十次文代会，高度评价中国文联和广大文艺工作者的重要贡献。④ 2019 年 7 月，习近平在《致中国文联中国作协成立 70 周年的贺信》中，再次充分肯定中国文艺工作所取得的丰硕成果，希望中国文联中国作协能够"自觉承担起举旗帜、聚民心、育新人、兴文化、展形象的使命任务"，"认真履行团结引导、联络协调、服务管理、自律维权的职能，团结带领广大文艺工作者记录新时代、书写新时代、讴歌新时代"。⑤ 在社会主义新时代新的历史起点上，中国文联再次肩负起历史的重托和人民的期望。面对新形势新任务，中国文联必须直面问题，自我革新，顺势而为。

---

① 菲佛，萨兰基克.组织的外部控制：对组织资源依赖的分析[M].闫蕊，译.北京：东方出版社，2006.
② 于显洋.组织社会学[M].北京：中国人民大学出版社，2015.
③ 夏征农，陈至立.大辞典·词语卷[M].上海：上海辞书出版社，2011.
④ 习近平.铸就中华民族伟大复兴时代文艺高峰[EB/OL].（2016-11-30）[2023-07-09].http://www.xinhuanet.com/politics/2016-11/30/c_1120025224.html.
⑤ 习近平.习近平致中国文联中国作协成立 70 周年的贺信[EB/OL].（2019-07-16）[2023-10-12].http://www.xinhuanet.com/politics/leaders/2019-07/16/c_1124759372.html.

不仅如此，新时代中华传统文化的传承发展的伟大历史使命，亦成为中国文联加快职能转变、提升组织效能的动能。2017年2月，中央出台《关于实施中华优秀传统文化传承发展工程的意见》，这个纲领性文件成为中国文联全面深化改革和加快职能转变的根本遵循。为适应时代发展中的新形势新变化，中央印发《中国文联深化改革方案》，推动文联基本职能由联络、协调、服务，拓展为团结引导、联络协调、服务管理、自律维权，促其加快转型发展，提升组织效能。中国文联的性质、地位和职能，决定了它在组织实施中华优秀传统文化传承创新的国家重大战略中，必然要勇于担当，积极作为。

中华传统艺术是中华优秀传统文化的重要组成部分，其于当代的传承发展主要依靠文化艺术领域中的文化行政部门、文化型社会团体、文化企事业单位和公共文化服务机构。中国文联是中华传统艺术当代传承的主要组织单位和重要组织力量，尤其是地方文联，在服务地方经济发展、繁荣地方文化、建设地方文化自信等方面，发挥着非常关键且积极的作用。所以，建设好中国文联，特别是地方文联，提升其组织力量和组织化程度，推动其在中华传统艺术当代传承中的功能发挥和组织效能提升有十分重要的历史意义和现实意义。

## 二、地方文联推动中华传统艺术当代传承的主要做法与成效

地方文联在中华传统艺术的当代传承实践中，可以发挥其专业性、本土性、群众性和民间性优势，挖掘和传承地方特色文化资源，推进区域非物质文化遗产等地方优秀传统文化传承发展。调研发现，地方文联在围绕中国文联职能发挥和地方党委政府中心工作、推动传统文化传承发展中采取了一系列共通的行之有效的做法。例如，蚌埠文联推动中华传统艺术当代传承的主要做法，可以概括为"五个突出"。

### （一）突出项目引领，提高创作的组织力度

蚌埠文联积极挖掘特色鲜明的蚌埠地域文化，推动非遗传承保护和创新发展，着力打造淮河文化品牌。围绕把蚌埠市建成"淮河文化研究和推广交流中心""国家级文化创意产业基地"两大任务，蚌埠文联配合宣传文化部门，实施"守望淮河文化历史、传承淮河文化精髓""塑造淮河文化时代精神、传播淮河文化当代价值"重大文化工程，编辑出版"淮河流域民间文艺"丛书，收集整理、展陈淮河流域民间文艺作品，定期举

办淮河文化艺术展演活动和淮河流域美术、书法、摄影等作品展陈活动,组织开展淮河文化主题文艺创作活动,推动重点题材的创作和重大文艺项目的实施,弘扬和传播花鼓灯、泗州戏、五河民歌等淮河文化代表性艺术样式,开展经常性的公益性文艺活动和艺术培训活动,满足社会大众多样化的精神文化需求。

### (二)突出政策引领,提高创作的艺术高度

蚌埠文联推动非遗传承与传播交流,提高文艺创作的组织化程度。蚌埠文联健全和完善优秀非遗文艺作品创作生产的扶持激励政策与机制,为非遗文化创作传承提供更多支撑,当地从而涌现出一批展现地方厚重历史文化、优秀传统文化和独特城市魅力的优秀非遗作品。花鼓灯舞蹈《鼓乡情韵》、花鼓灯歌舞剧《珠城的传说》、民族舞剧《大禹》,以及现代泗州戏《凤愿》《绿皮火车》《哥哥莫要过河来》《板车女孩》《一罐黄金》等20多部作品,先后在全国和安徽省获得大奖。蚌埠文联坚持"走出去"与"请进来"相结合,发挥文联工作和文艺作品的独特魅力,定期举办"花鼓灯艺术表演周"和"非遗文化艺术节",展示蚌埠良好形象、传播蚌埠故事。安徽花鼓灯歌舞剧院和安徽泗州戏剧院是国家级非物质文化遗产花鼓灯、泗州戏的重要传承基地,年均演出200余场次,多次受邀在国内外举行艺术展演和文化交流与传播活动。

### (三)突出主题引领,提高创作的思想深度

蚌埠文联贯彻落实"以人民为中心"的创作导向,坚持把精品创作作为文联工作的中心环节。蚌埠文联通过主题引领与项目带动并重,以改革开放40周年、新中国成立70周年、抗战胜利75周年、纪念红军长征胜利80周年、建党100周年、蚌埠开埠100周年、决胜全面建成小康社会等重大庆祝活动和重要时间节点为契机,组织策划音乐、舞蹈、戏剧、曲艺、杂技等文艺演出,出版大型报告文学集《印象蚌埠——来自安徽蚌埠的文学报告》,举办"影像见证珠城·百姓看蚌埠""镜头中的扶贫故事"等摄影大赛和"大淮河主题创作"百米书画长卷展,组织举办"庆祝新中国成立70周年"大型群众歌会、歌咏比赛以及美术、书法、摄影、民间文艺、诗词楹联等主题展览。围绕重要时间节点和党委政府中心工作而谋划一系列主题文艺和创作活动,成为近年来中国文联和地方文联推动中华传统艺术当代传承的成功做法。这些主题文艺和创作活动既增加了作品的思想深度,又在社会和地方上产生了较大影响。

### (四)突出实践养成,抓好主题实践活动

近年来,蚌埠文联扎实开展"我们的沃土我的梦""到人民中去""深入生活、扎根人民""大淮河"等主题实践和创作活动,组织和推动地方广大文艺工作者到基层中去,到百姓中去,到发展一线去;同时结合蚌埠地方实际,自主策划开展"走进名家工作室""中国梦·淮河情"等主题文艺创作活动。蚌埠文联通过采风研讨、实践锻炼,引导文艺工作者提高理论素养,坚定理想信念和职业操守,自觉做社会主义先进文化的坚定拥护者和积极践行者,一批年轻文艺工作者成长为省内知名艺术家;通过开展非遗传承人培训研习活动,增强非遗传承人的使命和担当意识,提高非遗传承人的传承实践能力。

### (五)突出载体建设,发挥文联基本职能

蚌埠文联突出引导职能,发挥各类文艺协会专业特长,以主题引领和项目带动,打造蚌埠传统艺术展示和传播载体,成功举办三届蚌埠市油画大展、四届蚌埠市书法大展,连续多年开展"大淮河"主题创作活动,经常性举办美术、书法、摄影、民间文艺、硬笔书法和诗词楹联等艺术门类的主题展览;突出联络职能,打造对外文化交流载体,先后举办"江南江北我的家""中国诗歌万里行""青春诗会""蚌埠书画名家精品韩国国际交流展""淮河流域书法名家精品邀请展""2016蚌埠扬州油画学术交流展""蚌埠滁州书法联展""苏皖两省六市庆祝新中国成立70周年书画展"等,展示蚌埠艺术成就和良好形象;突出服务职能,完善文艺志愿服务工作制度,打造文艺惠民载体,先后组建14支1500余人的文艺志愿者服务队伍,每年赴乡村、社区、机关、学校、军营、企业等基层单位开展100多场次文化惠民活动,多彩多姿的文艺活动使"美好生活"的"大写意"日益成为真实可感的"工笔画"。

## 三、地方文联在中华传统艺术组织传承中存在的主要问题及原因分析

地方文联正处于改革转型时期,由于其管理体制机制、自身建设条件等原因,在推动中华传统艺术当代传承实践的过程中不可避免地会存在一些问题或不足,致使其组织效能难以满足新时期对于传统艺术传承的需要和人民群众对美好精神文化生活的新期待。

## （一）主要问题分析

### 1. 组织目标达成度低，传承效果较差

中华传统艺术的当代传承是一个复杂的、整体的生态系统，需要社会其他领域和其他部门的协同推进。地方文联组织主导的文化艺术传承活动，主要局限于文联组织场域内部和文化艺术领域，缺乏与经济、教育、科技、商业、金融等社会其他领域和其他部门的互动交流，难以产生 1+1>2 的协同效应。从地方文联举办的大型主题文化艺术创作活动来看，传统艺术在主题艺术创作中所占份额也极其有限。从文艺角度看，对蚌埠城市精神影响较大的双墩文化、大禹文化、大汉文化、大明文化和民间文化，停留在学术研究的层面比较多，艺术展现和文艺产品的相关创作还比较少，对体现和反映淮河文化的历代文艺作品整理、收集、传播工作还失于零散，能够展现淮河文化、蚌埠城市精神的当代文艺作品数量不多，对外宣传力度不够，影响力较小。淮河流域特别是蚌埠非遗保护与传承工作依然不容乐观。

### 2. 社会大众参与度低，影响力有限

近年来，蚌埠文联围绕国家重大时间节点开展了大量形式多样的主题文化艺术活动，对于彰显时代精神、弘扬社会主义核心价值观有积极作用。然而这类主题创作活动多为应时应景之作，主要局限于文联组织和文艺协会圈子内部，社会大众极少参与，艺术普及度不够，影响力十分有限。文艺志愿服务和文化惠民文艺活动年均100多场次，但高质量创作成果和较大影响力的活动极少，艺术内容多为现代艺术样式，传统艺术的传承和普及远远不够，难以满足社会大众多样化的文化需求。

### 3. 服务满意度低，会员凝聚力不强

地方文联的专业服务功能没有得到有效发挥，服务会员和凝聚会员的方式方法缺乏创新，协会内部资源不能被有效合理利用，协会活动成为少数会员自娱自乐的内部活动，"圈子"现象严重，文艺创作、评奖评优和专业培训等难以惠及普通会员，致使部分会员对文联和协会的服务满意度降低、认可度下降，弱化了协会对会员的凝聚力，一部分青年文艺工作者参与协会的积极性不高，限制了协会的有生力量发展。

### 4. 社会力量参与少，与高校合作缺乏

蚌埠文联对协会、文化企事业单位的内部资源缺少有效整合，未能形成合力，甚至出现恶性竞争。文联和协会的大型文艺创作等项目招标，多限于文联和协会内部，无法有效调动社会力量参与竞争。文联和协会与地方高校缺乏互动交流及合作，导致许多文艺活动和文艺志愿活动缺少高校的智力资源和人力资源支撑，文联及协会的行业引领作

用未能得到有效发挥，难以收到满意的效果。

### （二）主要原因分析

地方文联及其下属的各类文艺协会在传统艺术的传承实践中暴露出的影响力小，满意度、认可度和参与度降低等问题，是由国家现行制度下文联组织运行的体制机制、自身条件不够完善和开放协同治理不足等多种原因综合造成的。

**1. 体制机制不够完善，制约了功能作用的发挥**

地方文联机关行政化倾向比较严重。作为文艺协会和文艺活动的行政管理机关，地方文联集"管文化"和"办文化"于一身，文联机关繁杂的日常行政事务使其无法将全部精力投入文艺性本职工作中，传统行政体系越来越不符合文艺活动和专业服务工作的需求。文联组织的人事管理机制、运行机制、监督和激励机制需要优化完善。调研发现，部分文艺协会管理制度不健全，管理体系不规范，协会组织松散，治理模式传统，因而协会组织的向心力和凝聚力缺乏。

**2. 自身条件不够完善，制约了传统艺术的传承**

地方文联机关的专业管理人员和复合型人才严重缺乏，尤其是县区级文联和乡镇级文联空壳化问题严重。调研发现，部分县区基层文联的文艺管理组织是存在的，但是没有专业编制人员，往往由文化宣传部门兼任、合署办公，职能定位不清、职责分工不明，长期处于无固定办公场所、无人员编制、无财政拨款的"三无"状态。一些重大主题创作和重要文艺活动受经费、人才制约的情况比较普遍。本土优秀文艺人才流失现象严重，文艺活动缺少专项经费保障，制约了文联职能的发挥和文化的传承发展。

**3. 开放协同治理不足，制约了组织效能的提升**

部分地方文联没有官方网站，社会大众难以了解文联工作。文联组织的文艺活动和专业服务局限于组织场域内部，缺乏与社会其他领域和部门的关联。公益性的展览、演出、研讨等文艺活动以及宣传、推介、评奖等专业服务等，往往由各类文艺协会的会员参与，以服务会员为主，没有向社会大众、市场主体和媒体等足够开放，缺少有效的手段和载体来争取社会其他领域和其他部门的协同治理，限制了文联组织效能的实现。调研发现，地方文联围绕国家重大时间节点，先后组织开展了大量文艺主题创作、表演和展陈活动，虽然这些活动对于记录新时代、书写新时代、讴歌新时代起到了积极作用，但由于将大量经费等资源投入到这类主题活动上，导致文艺惠民活动和公共文化服务等公益性活动缺少必要的资源保障，影响了服务社会大众的目标的实现。

## 四、地方文联在中华传统艺术组织传承中的效能提升策略

地方文联应结合新形势下的工作实际和中华传统艺术当代传承的复杂情况，主动适应国家关于文联职能转变的新要求，从功能、结构、机制、环境等方面对自身进行改革创新，加快转型发展，提升组织效能。

### （一）落实文联深化改革部署

#### 1. 明确地方文联的功能与角色定位

①充分发挥好政治协商、行业管理和文艺引领功能，强化地方文联作为党和地方政府联系广大文艺工作者的桥梁纽带的角色定位。②充分发挥行业引领和专业服务职能，强化地方文联作为文艺界的凝聚者和文艺创作的推动者的角色定位。③扎实开展"深入生活、扎根人民"主题实践活动，充分发挥文艺惠民、传统艺术传承和现代艺术普及的功能，强化地方文联作为社会公共文化的服务者和社会主义核心价值观的倡导者的角色定位。

#### 2. 落实地方文联的新职能和新使命

①建立和完善适应新职能要求的各项制度。按照新时代文联工作四项职能的新要求，优化完善文联工作机制和制度，以适应职能转变产生的新要求、落实职能增加带来的新任务、回应文艺工作者的新期待。②强化制度执行工作。建立工作执行、反馈、奖惩、完善相统一的闭环管理系统（PDCA），提高服务管理水平和效能。充分利用现代信息和通信技术，建立网上网下一体化办公系统。③加强文联组织网络建设，适应党和国家机构改革大趋势，巩固和优化县级文联组织，积极推动区级文联组织建设，积极拓展行业或企业文联组织，积极吸纳各类新文艺群体加入各专业协会，指导各协会建立联系和服务新文艺群众的专门机构和组织。

#### 3. 提升文艺活动和专业服务的质量

①改革文联工作内容，延伸工作手臂，创新工作方式，整合协会的专业和人力资源优势，加强各协会间的协作，形成整体合力。②从主动服务和规范管理两个维度，强化对新文艺组织和新文艺群体的管理和服务。从思想引领、创作推动、项目扶持、推优推介等方面完善对协会会员的服务。③通过资源整合和协同合作，创新活动方式，提升文艺活动和专业服务的质量，传承地方传统文化，以高品质的文艺活动、丰富多彩的文化产品和专业化的文化服务，满足社会大众多层次的精神文化需求，繁荣地方文艺事业。

## （二）加强文联自身规范建设

针对地方文联的"空壳化"和"三无"等状况，进一步加强和规范文联自身的组织建设。①加大对文化建设的经费投入，改善地方文联的办公环境和办公条件，尤其要向县区镇最基层文联倾斜。按照文联工作及功能发挥的实际需要，扩大地方文联人员编制，配齐文联机构处室人员。②建立地方文化传承专项资金、地方优秀艺术人才发展基金，设立重大主题创作和重要文艺活动项目招标制或购买制，吸收社会资本和社会力量投资地方文化建设，着力解决重大主题和重要艺术活动经费和人才缺乏问题。③完善地方文联工作平台与载体建设，提高文联组织的专业服务水平。完善地方文联官方网站，利用互联网平台，改进和创新"互联网+"文艺的政策机制。探索建设文艺工作融媒体中心，优化文联内部机构设置，构建文联网上工作平台和优秀文艺作品网上传播平台。④加强文联及协会党建工作，发挥基层党组织力量，推动地方文联组织力的发挥。

## （三）强化对外开放和协同治理

针对开放协同治理不足这一问题，地方文联要提高组织系统的开放性，通过与市场和社会其他各类主体的协同合作与互动交流，实现资源整合和协同治理，提升自身的组织效能。①加强同文联组织场域外的社会诸领域和部门的互动交流，推行项目制和文艺活动市场化，扩大文艺活动的公益性，吸引社会力量积极参与文艺活动和项目建设。②加强同文创企业的合作，实现文艺成果的市场转化与推广。加强同地方高校合作，在活动策划、人才培训、成果推广和非遗传承方面获得高校的人力和智力支撑。③除了加强与文化宣传部门和文化企事业单位的合作外，文联组织还需设法与地方经济、教育、科技、商业、金融等领域和部门建立关联，让这些领域和部门意识到传统文化艺术的价值，从而都来关心传统文化艺术，协同推进传统文化艺术的传承发展。

## （四）强化重点文化品牌建设

地方文联在加强现代文化普及的同时，注重对传统文化艺术的传承和保护，着力培育、打造和强化地方文化品牌建设，推进区域非物质文化遗产的传承保护和发展；以文艺创作为抓手，以地方文化为主题，以文艺活动为载体，实施重大文化主题创作项目招标制，完善优秀文艺作品创作生产的扶持激励政策与市场竞争机制，推动地方文化更多精品力作不断涌现。①发挥好文联的联络职能，定期开展全国文艺名家学术讲座、采风和创作活动，借助名人名作推广地方文化品牌。②发挥好文联的服务职能，经常性组织文艺工作者开展各种形式的文艺下基层和文艺服务活动,以文艺惠民来宣传推广地方文化品牌。③发挥好文联的协调职能,与相关部门和单位协同合作,开展地方文化论坛、地方文化主题博览会和艺术展演周、艺术节等一系列有影响的文艺活动,以重大文艺事件推广地方文化品牌。④发挥好文联的团结引导职能,组织各类非遗传承人积极参与地方特色文化品牌创建活动,定期举办非遗展演展陈活动和培训活动。

## 五、结语

总之,从根本上来说,在当前和今后的很长一段时间内,我国传统艺术保护传承的组织力量多限于文化艺术领域,主要依靠国家政策和基金的支持,依靠政府文化部门、文化型社会团体和文化企事业单位及部分基金组织的推动,[①]与传统艺术保护传承相关的理论认知、战略引领、制度保障与供需协调,最终也都需要文化艺术领域或文化组织部门来贯彻和运作。中国文联的性质和职能决定了其必然是中华传统艺术当代保护传承的关键环节和重要组织力量,而传统艺术当代传承的目标和效果的实现在相当程度上也有赖于地方文联的组织力量、组织化程度和组织效能。

从对地方文联传承传统艺术的组织效能的考察来看,虽然因地方经济基础、文化资源基础和文化传承基础的强弱多寡而表现出一定的不均衡性和差异性,但总体来看,无论是在宏观层面的政策执行上还是微观层面的具体做法上,地方文联均表现出很多的共性特征,在推动传统艺术的保护传承中确实起到了十分积极的作用,也取得了显著的成效。然而,传统艺术在当代的整体传承状况欠佳,特别是其良好生态系统的建构十分缺乏,但这是历史形成的,不是一蹴而就的事情。尤其是处于改革转型时期的地方文联,囿于管理体制机制和自身建设条件等因素,其组织效能难以满足新时期传统艺术保护传承的需要,甚至部分地方文联的影响力、满意度、认可度和参与度还有所降低。因而在中华传统艺术的当代传承实践中,地方文联正立足于新的发展阶段,把满足人民群众美好精神文化生活的期待和需求作为文联工作的出发点和落脚点,结合新形势下地方文联工作实际和中华传统艺术当代传承的复杂情况,主动适应国家关于文联职能转变的新要求,不断总结和借鉴其他地方文联传承保护传统艺术的成功做法和有益经验,从功能、结构、机制、环境以及理念、思路、内容、方式等方面进行全方位的改革创新,摒弃惯性思维,克服路径依赖,充分发挥地方文联优势,增强文联组织的活力、吸引力、向心

---

① 吴衍发,王廷信.中华传统艺术的组织传承生态建构[J].民族艺术研究,2020(5):51.

力和行业影响力，从而提升其组织效能，推动传统艺术当代传承的目标实现和地方文艺事业的繁荣发展。

**作者简介：**

吴衍发，安徽财经大学艺术学院教授。研究方向：艺术学理论、艺术美学。

# 生态理念视域下左权民歌的当代传承

郭婧文

**摘　要**：在研究传统艺术传承问题时，参照生态学并利用生态理念是有其必要性的。文化或者说艺术并不是在一个封闭的环境中发生发展，而是不断延伸并与其他领域相互联系。左权民歌的发生与发展就是在各种因素共同塑造的环境下产生的关系内容，它的生态变迁经过了农耕时代的自然共生、近代工业时代的被动新生和现代转型时期的主动求生；它的生态特征主要体现为高原高峰、时间空间、个体共生；它的生态原则体现为客从于主、种群大于个体、交流互动和共生共建；它的传承路径则需要依赖种群性传承、功能性传承和保护性传承。

**关键词**：左权民歌；生态理念；当代传承

现代社会中的传统文化传承问题，是中国现代化过程中的转型问题，是民族自觉与民族自信的问题。前者是放置于"传统—现代"的框架中，后者是属于"全球化—民族多样性"的范畴里。不论是"传统—现代"的框架，还是"全球化—民族多样性"的范畴，都在向我们表明一件事，那就是文化环境已然发生改变，我们早已从之前封闭的农耕社会进入一个开放而充满风险的现代社会。

1866年，德国生物学家海格尔创造性地使用"生态学"这个词语，表示环境以及生命活体与环境之间的关系研究。之后德布雷将这一概念引入媒介领域，结合法国雅克·吕菲耶的观点，重塑了文化领域对生态学方法的借鉴，并结合媒介学知识，将整个文化传播传承环境看作一个复杂的生态环境，信息、技术、媒介、受众、传播者都相互产生联系。[1]1884年，德国真菌学家德贝里又进一步论述了共生、寄生、腐生之间的关系，阐述了生物间的多样共存方式，并分析了共生和非共生的区别、寄生与共生的区别等，从而使人们对共生的理解更加清晰。20世纪中期以来，共生理论被广泛应用于社

---

① 德布雷.普通媒介学教程[M].陈卫星，王杨，译.北京：清华大学出版社，2014：267.

会科学领域。但迄今为止，共生理论尚未被应用于中华传统艺术的传承领域。[1]

曾经熟悉的空间、传播的活动、参与的人们都发生了变化。如何让传统艺术在现代社会不被"孤立"？如何让传统艺术在世界浪潮中不被"磨损"？创造一个优良的传承生态环境，构建共生的关系网成为解决上述问题的一种可供参考的方法。

## 一、左权民歌传承中的生态变迁

艺术的生长状态与周围环境必然完全相符，有一种环境就有一种艺术发生。左权民歌是一种地理上的概念，也是一种精神上的概念，更是一个生态环境上的概念。它是历史变迁、思潮迭起、政策调整、经济发展、文化更迭、生活状态不断调整的结果，也是这些因素共同塑造的环境下产生的关系内容，集中体现了其地域特征的生态文化。

### （一）传统农耕时代：自然共生

自然共生是指左权民歌在传统农耕时代呈现出的自然生长、和谐共生的状态。在传统的农耕时代，民间艺术与文人艺术或是宫廷艺术不同，民间艺术的形式简单素朴，内容直白简陋，尚未自觉自身的特殊。在农耕时代和乡村地域的双重桎梏中，被保留与流传下来的艺术一定具有惰性最强的特征，而这种特征恰恰是传统艺术中最具生命力、最为本质的特征。因此，我们要从农耕时代开始，基于生态的视角探讨左权民歌的生长过程，其本质结构，以及其能够不断创新延续的原因。我们将从内部和外部生态两大部分进行探讨。

"重复"是其生命结构，这是左权民歌内部生态的第一个特征。任何艺术都有其基本的结构，结构决定事物最基本的样态，它的重要性大于单个作品的完成度。左权民歌大致可以分为三类：大腔、小调和杂曲。这种分类不是乐音意义上的，而是根据民歌篇幅的大小。左权民歌的歌词以七言和五言为主，与山西地区其他县域比较而言，左权地区民歌的演唱风格更加清秀，曲式结构更为活泼，诸多歌曲的曲调重复度较高，进而成为一种约定俗成的曲牌。由于这类曲牌时间跨度大，歌曲格式较为固定，因而被民间习惯上称为"古曲牌调"，这从侧面佐证了左权民歌的历史悠久。左权民歌大体上看均有相似的地方，一曲多词或一曲多歌的情况有很多，例如，《桃花红杏花白》和《瞎瞎活了这辈辈》是同一曲，著名女高音歌唱家郭兰英曾演唱的《绣金匾》就与左权盲人宣

---

[1] 王廷信.中华传统艺术当代传承研究的理论与方法："生态理念"与"共生机制"视角[J].民族艺术，2021（3）：55-67.

传队演唱的《光棍苦》的曲调基本一致。民歌本是地方人民自发的创作，口耳相传、被"重复"使用的曲调当是最为受众接受的"结构"。有了基本的生命结构，便可赋予民歌不同的生命样态进行艺术形式的延续，这就有了第二个部分——"即兴"。

"即兴"是其延续机制，这是左权民歌内部生态的第二个特征。艺术如同生物，传承是种群维系的必要条件，生物种群的延续是靠新生命的诞生，艺术的延续则是靠不断创造，唯有创造才能助益艺术的生存。作为民歌，其最根本的创造不是靠技术的发展或是技能的探索，而是靠"即兴"能力，这种能力越强，民歌的活力愈旺盛。民歌本来就是源自民间的人民之歌，人民在日常生活、田野劳作、闲暇休息时，有表现自己生活的愿望，有抒发自己情感的渴望，有阐述自己意志的诉求。当日常的语言无法表达时，歌声便自然而然流淌出来。共鸣强的歌曲经口耳相传，逐渐留存下来。对于熟悉左权民歌的人来讲，判断演唱者能力的主要标准就是能否做到"做甚唱甚，想甚唱甚"。例如，劳作时有"豆角开花抽了筋，想你想得丢了魂"[①]，节庆时有"正月里来正月正，家家门上挂红灯"，等等。不同的艺术门类有其创作创新的方式方法，民歌创作者需要关注实际环境，需要对实际环境产生情感上的共鸣，故围绕民歌骨架结构的"即兴"演唱成为民歌创造作品延续种群的特有机制。

"开花调"是其对内力量，这是左权民歌内部生态的第三个特征。丹纳曾表示，"特征既是一种自然力量……从它本身的关系来看，作用不是使自己消亡而是使自己发展，就更强"[②]。也就是说，如果一种艺术内部生态中拥有的这种力量很大，便不会过多畏惧外界环境的影响。左权小调在自然生长中逐渐孕育出一种特别的个体——开花调。开花调早期以表达爱情为主，大部分歌词分为上下两句，前面一句使用比兴手法，一般借用生活中的事物，并加一句"开花"，后面一句点明观点或是抒发情感，"苦菜开花苦又苦，活活苦了俺二十五""火车开花冒黑烟，知道你黑心肝""公鸡开花咕咕叫""油灯开花一点点明""百灵鸟开花飞上天"都是如此，歌唱者借由"开花"将日常观察到的现象与当时的心情结合并产生有趣的共鸣。比兴的使用、灵动的想象、欢快的曲调、经典的传唱都成为左权民歌内部生态最为中坚的力量，为后来左权民歌在时代变化中持续生长，甚至扩大自身影响提供了坚实的基础。

外部生态天然契合，这是左权民歌外部生态的主要特征。从外部生态看，左权民歌在农耕社会中，与政治、经济、文化、教育等领域都有着天然契合的关系。首先是地域环境，有一种环境便会有一种艺术，左权县的地理位置较为闭塞，地处太行山的西侧，

---

① 中共左权县委宣传部.桃花红 杏花白：左权民间歌曲选集[M].北京：新星出版社，2020：9.
② 丹纳.艺术哲学[M].傅雷，译.北京：中信出版社，2021：755.

县内山高坳深，沟壑纵横，人员进出不便。地域封闭，则可供娱乐的活动较少，因而艺术形式以人为主，左权本地的人民皆能歌善舞。万历年间所修《辽州志》记载，"辽居太行山巅，万山深谷之中，商贾不通，舟车不至。然虽穷乡僻壤，而比户弦歌，文风颇盛"①，这是对左权民歌产生环境的如实反馈。其次是民俗活动环境，节庆活动、婚丧嫁娶仪式约定俗成，对于民歌的需求固定，利于民歌的传承。自给自足的经济和男耕女织的分工，产生不了多余的产品，所以不需频繁交流，故民歌的俚语和浅白的文字更利于人们历届传唱。左权民歌农耕时代的这些作品虽简单，却构筑了其顽强的生命力。

### （二）近代工业时代：被动新生

被动新生是指左权民歌在近代工业时代呈现出环境突变、刺激新生的状态。每一种传统文化都不是孤立存在的，它由政治、经济、文化、教育、民俗、各类思潮、各种运动等多种周边因素共同构成。这是中心与周边的关系，在这样一个复杂的生态环境中，周边的变化必然会逐步蔓延向中心，最终导致传统艺术的变革。在近代工业时代，传统农耕时代的艺术受到外界冲击，生态环境的诸多要素也发生了被动变化。

周边生态环境巨变，艺术创作微变。传统艺术对于一个国家、一个民族来讲是一个中心，它的形成是由处于"周围"的政治、经济、社会等周边因素经由漫长的时间所构建的，所以具有很强的稳定性。在农耕社会，"周边因素的变化在一定时期内可以暂时地、相对地稳定在某一范围之内，与此对应，它们所形成的中心的变化也可以暂时地、相对地稳定在某种限度之内"②。左权民歌长久以来所歌唱的是对爱情的追求，是对生命的赞美，这些内容基本是歌唱者亲眼所见，如实唱出。但鸦片战争后，中国的历史发生巨变，政权受打击之大，国土受侵略之广，人民流离失所之严重，哪怕一个边远闭塞的村镇也受到波及。左权民歌的内容开始发生变化，国家苦痛大，小小的民歌就大大扩充篇幅；人民情感蓬勃，小小的民歌就时刻反映重要事件面貌。如《吃洋烟》中强烈的爱憎："道光登基没几年，西洋鬼子入中原，为了侵占中国地，害咱百姓吃洋烟。黎民百姓吃洋烟，卖儿卖女卖房产，浑身上下都卖尽，留下把骨头也不安然。"新文化运动为左权民歌提供了新的内容和新的思想，《查脚》《刘梅躲婚》《打辽县》等反映特定时代变化和思想转变的民歌就此产生，民主和科学成为具体歌唱的内容。民歌开始对周围巨变的环境发出回应，传统的变化虽然只局限于篇幅和内容，但已然昭示深刻调整的开始。

---

① 王保牛. 左权县文化志[M]. 北京：中国农业出版社，2004：32.
② 张世英. 哲学导论（修订版）[M]. 北京：北京大学出版社，2008：309.

中心生态环境打破，左权民歌被动接受调整。面对国外的文化冲击、武力侵略，面对国内人民心态的转变、斗志的昂扬，左权民歌在生态环境骤变的情况下产生了两次改革高潮，积极投入文化竞争，为自身生存抢占先机。第一次改革高潮是外界带来的抗战文化，这使左权民歌内容发生极大的转变。1937年开始，大量的新文化、新思想、新的艺术形式进驻左权（原名为辽县，1942年为纪念在此殉国的八路军副总参谋长左权将军，易名为左权县），左权人民开始学唱革命歌曲，跳"时兴"舞蹈。左权当时是华北抗战的政治、经济、军事、文化活动中心，借助文艺工作者的素养，左权民歌质量得到了提升。这些改编后的民歌在当地集中流行，在左权人民群众中扎根最深，影响绵延不绝。至此，左权县歌舞原来沉闷的氛围被彻底打破，民歌的生态环境也产生了巨大变化。例如，《拥军》歌词"……做鞋袜缝衣裳，件件要耐实，好房军队住，好米给军队吃。军队向咱借东西，借啥就给啥，军队买东西，不高抬市价……"和针对日军"扫荡"抢粮的《反抢粮》歌词"粮食是命根，没啦活不成，咱组织暗民兵，保粮救百姓"，都是对民间革命、人民决心的展现。这一时期，左权民歌的生态环境已然被全部打破，外来先进文化和思想开始调整民歌的全部样态，随着民歌自身的吸收与调整，左权民歌重新构建了生态平衡。

恢复生态环境平衡，促进民歌新生。处于中心的文化和艺术，一旦与变化的周边环境磨合成功，恢复平衡后，就会重新对周边的思想、事物产生作用和影响。左权民歌的第二次改革高潮是本土抗战文化兴起时，它将外界的艺术形式和革命精神融会贯通于自身的地域特色之中，使得民歌有了新一轮的成长。1939年之后，左权民歌已经拥有较好的革新后的生态环境。在民俗活动部分，县政府增加了"四四"儿童节、元宵狂欢节，对新的歌舞进行展示。在教育活动部分，县内的二民校开始让教育工作者系统学习、教授新民歌与新花戏。在日常文娱活动部分，县内有众多歌咏队，可以唱如《保卫黄河》《在太行山上》等二声部大合唱这类较为复杂的歌曲。就这样，左权民歌千百年的"哥哥妹妹"式情歌被注入了革命的热情和民族的精神，成为抗衡敌对势力的有力工具。在持续变革后，本土各类松散的剧团也有了规模有了组织。晋东南文化界第二次代表大会关于《抗战三年来的晋东南文化运动》的报告提纲曾表示："现在冀西太北有将近二百左右的剧团，包括将近三千的演员，其中以辽县农村剧团为最好，一些农家出身的老太婆、小孩子、青年妇女参加几个月的剧团已经能演复杂的剧，唱复杂的歌（如《黄河大合唱》）。"[①] 当地剧团甚至能自编自演，改造旧剧。当时的辽县女干部黎颖

---

① 中国作家协会山西省分会. 山西革命根据地文艺资料（上册）[M]. 太原：北岳文艺出版社，1987：42.

在《青春纪事》一书中，回忆了太行山的文艺生活，称文艺活动十分活跃，只要日本人不来扫荡，每逢节日或胜利，皆有文艺活动。县里开三级干部会议布置工作，妇女干部将会议内容旧调填新词，第二天就可以唱，开完会就普及全县。春耕、秋收、婚姻、识字皆有民歌，民歌成为党和政府密切联系群众的重要手段和全民抗战的有力武器。

面对传统文化被冲击最严重的几年，左权民歌在不利的生态环境中，找到了自身的生存方式，为后续传承、发展、兴盛奠定基础。这种生态环境最开始是由外部的挤压和"你死我活"的竞争引发的，却终结于文化内部自身的生态平衡。

### （三）现代转型时期：主动求生

主动求生是指左权民歌在现代转型时期呈现出主动出击、探索求生的状态。面对不可遏制的全球化对民族独特性的侵蚀，对于文化自觉、文化自信、文化自强的追求促使我们积极构建有利于传统文化、传统艺术生长的生态环境，主动重塑左权民歌与相关因素的和谐关系，最终助益其成长。这时的生态环境虽承受着外部的压力，却无意间使各个领域的力量联合起来，对左权民歌的生长进行了有利探索，挖掘出其传承的可能性。

第一，民间自觉继承发展。中华人民共和国成立，在以革命胜利的激情、国家建设的热情为主的情感主导下，人们将上一阶段的民歌生态环境很好地延续下来。每一个组织、每一个部门、每一种身份的人们都处在一个紧密团结的状态。民歌和人们的日常生活、国家政策、精神引领等各类活动都息息相关。左权新歌陆续被创作出来，如《新中国》《大兴水利》《劈开山门》等，时代特征被融入歌曲。例如，《新中国》歌词："太阳出来东方红，新中国已诞生，全国人民翻了身，站起来当家做主人。"国家也逐渐意识到维护本民族传统艺术的重要性。当时的宣传文化部开始主动在全国范围内挑选、培养民歌歌手，并举办相关的培训班，组织相关的民歌节目，鼓励民众唱好自己的民歌，唱出民歌的特色。在这一过程中，诸如刘改鱼、刘春雅、郝玉兰等歌手被不断发现，获得全国性的关注。优秀的歌曲和优秀的歌手扩大了左权民歌的影响力，一些大型的节目也脱颖而出。开花调与小花戏开始紧密结合，用于构筑系统更加庞大的歌舞节目，1992年的《开花调》和1996年的《筑路哥哥》夺得了全国"群星奖"金奖，成为此类艺术的高峰。2002年，羊倌石占明成为家喻户晓的挥着羊鞭的"歌王"，左权民歌再一次以耀眼的方式出现在人们面前。

之后，一直关注左权民歌的浙江卫视主持人亚妮，拍摄了一部有关左权盲人宣传队的纪录片《向天而歌》，随后又筹拍了续集《兄弟》，这一过程很艰难，却也证明了左权民歌的影响力和生命力。文化输出的自信进一步促使左权的各个文化馆和地方知识分子不断立志于民歌的收集整理和创作创新工作。直至今日，在左权的各类文化广场甚至一些直播平台中，还有大量群众在固定的时间进行民歌演唱。民众自觉传唱，这是传统民歌可以传承的决定性因素。优秀歌手和杰出曲目的持续推出，这是传统民歌可以传承的重要基础。这都成为左权民歌生态系统得以维系的基本条件。

第二，学者深耕，发掘培养。由于左权民歌的生态维持着较好的状态，这使得左权民歌在下一轮巨变的生态环境中获得头彩。改革开放后，中国的民歌唱法与唱词编写以及相关的理论都处在一个被冲击的状态，西方音乐成体系的教学方式、演唱方式、理论支撑都明显更具优势。国内原生态的民歌生存环境受到冲击，不论是歌手还是听众，不论是创作者抑或教育家，都在探索中国民歌的生存方式与生存样态。2002年9月底，"山西左权民歌小花戏创新与发展研讨会"在左权举办，当地政府主动邀请全国的专家学者参会。在会议中，放羊倌石占明被临时喊去演唱一段原汁原味的左权民歌，一曲唱罢，研讨会上的专家大受震撼。此后，在已经延误了初赛、复赛的情况下，音乐理论家田青教授将石占明直接举荐到"首届中国南北民歌擂台赛"决赛中。2002年10月15日，石占明获"歌王"称号。同年12月底，石占明应邀参演人民大会堂中央民族乐团大型新年音乐会《江山如此多娇》中的压轴节目《黄河之声》，并演唱了山西民歌《打酸枣》。

有组织的交流学习和理论研究。左权民歌有着革命时期形成的有利的宣发力量，每年中央、省、地各级文艺团体，如中央歌舞团、华东歌舞团、空政文工团、海政文工团、总政文工团、中央民族音乐学院、省歌舞团、专区文工团等，均派出高水平的歌手来左权采风，并辅助地方歌手及歌曲的发展。左权县文化馆在中华人民共和国成立初期开始自发收集整理民歌，并邀请县内具有一定知识素养的传承人进行校对和删减，前后编印《左权民间歌曲选集》四册。正规资料的出现使左权民歌在理论和艺术水准上得到监督和发展。左权民歌的发展不仅仅是民歌自身发展的结果，艺术的传承也必须有具备专业知识的专家学者介入。理论领域人士的介入可以丰富民歌生态系统，促进地方传统艺术的成长。

第三，政府主导，重点突出。左权民歌从近代开始的持续的良好生态与政府力量的介入是不可分割的。抗战时期的左权民歌能够在艰难的环境中获得一次次发展高潮，主要原因还是受政府主导的先进思想和指导方针的影响。进入现代转型期，不论是民族独立抑或经济发展，不论是政策宣传还是思想解放，都需要有优秀的传统艺术和具备精神内核的艺术作品来承载。因此在政府的主导下，左权民歌在新的时代再次获得生机。党的十一届三中全会以来，左权县委和县政府再次重视左权民歌的宣传和品牌力量，继续鼓励民歌与实践生活和思想宣传相结合。例如，当时创作的歌曲《姑娘为啥不出嫁》中唱到的"只因培育新品种，心时记挂放不下"，是当时女性将爱情和事业融为一体的体现。

2006年，第一批国家级非物质文化遗产名录公布，凭借多年的影响、经典的作品和民歌歌手的影响力，左权开花调位居非遗音乐类榜首。2008年9月，左权县在宏远学校举行了"《左权民歌小花戏》（试用）校本教材进课堂"启动仪式。开花调传承人冀爱芳教授学生唱民歌，并在县内音乐教室对学生进行培训，这一举动在当时的全国尚属首例。将传统艺术纳入教育领域，这种源自抗战时期的传统被很好地继承了下来。2012年是左权将军牺牲暨左权县易名七十周年，为了纪念将军英灵，弘扬太行精神，左权县运用本土民歌的音乐旋律和左权小花戏的舞蹈元素，创作编排了民族歌剧《太行奶娘》，其先后被中宣部、国家文化部、山西省委宣传部列为"纪念抗日战争胜利七十周年和群众路线教育活动"全省、全国巡演重点项目。2018年开始，左权县及晋中市高度重视并全力开发"左权民歌"这个文化品牌，积极筹备大型的民歌节活动。以"左权民歌汇"连续两届成功举办为标志，左权民歌在中国民歌中的影响力不断攀升。

左权民歌一路走来，从自由自发，到组织引导；从闭塞无闻，到声名在外；从个人传唱，到共同建构，实则也是传统文化回归和民族自信的一种体现。政府持续地高度重视，积极推出；学者不停地深入其中，积淀成果；媒体主动介入，深入参与；教育界创新使用，传播传承；歌手唱好唱远，扩大影响……全社会都在努力摸索构建着左权民歌的生态环境，为我们开展传统文化的传承工作提供了一个很好的模板。

## 二、左权民歌传承的生态特征

左权民歌在长时间的传承中，在复杂的生态变迁过程中，开始形成自己稳定的生态特征，这些特征是其自身运动的结果，也是其他领域相互配合后的成果。我们观察左权民歌的生命样态就会发现，一个和谐共生、相互作用的生态环境对于传统艺术的有效传承是十分必要的。左权民歌区别于其他民歌类艺术的特征主要体现在三个方面，一是有高原亦有高峰，二是有空间亦有时间，三是有个体亦有共生。

### （一）有高原亦有高峰

一个艺术类别的生态环境由不同种群构成，这些种群既包括优秀的艺术作品，也包括杰出的创作者，优秀的作品与杰出的创作者可以称为这一艺术类型中的高原。在这些高原上，又会产生极具代表性的作品或个人，这就是其中的高峰。中国的民歌样态繁多，但是像左权民歌这样在每一个历史的关键节点都可以站出来，推出极具生命力、时代性的经典作品和歌手来维持整个生态体系的则很少。

在艺术作品方面，首先，左权民歌有一直紧跟时代潮流的作品，积极融入时代大生态。例如，日本入侵时有《逃难》这样的作品——"娃娃你不要哭呀，娘娘也不好活。不是狼吃日本鬼，哪有这一说"；进行抗日斗争时有《石匣有个狼牙山》——"三八五旅老二团，打得鬼子丧了胆"；新时代有《劈开山门修大路》；抗击新冠疫情时有《众志成城抗疫情》。左权民歌的生态一直处于一种积极主动交流、不断完善自我表述的状态，时刻对周边生活进行反馈是其一直具备传承活力的主要原因。其次，左权民歌有自己的典型作品，在自身的生态环境中构成了一个拥有竞争性的作品群落，成为生态环境中"高峰"的存在，这对于整个生态的持续有至关重要的作用。一方面，左权民歌具有开花调这样被官方承认的"非遗"项目，这就与其他类型的民歌区别开来。另一方面，左权民歌大量使用的比兴手法规范了作品的创作，树立了文学价值，这也成为其自身品牌得以构建的重要原因。同时，极具代表性和传唱度的《桃花红杏花白》在诸多开花调中被确定为"大开花"并成为经典曲目被保留下来，在各类艺术门类创作和演唱活动中被反复使用和借鉴，这为左权民歌的生态活性奠定了坚实基础。

在艺术家方面，左权地区的群众会唱，并且爱唱民歌者基数大，诸如刘春雅、郝玉兰等地区知名的歌手较多。在此基础上，左权还在不断推出"歌王""歌后"组建成国内知名的艺术家群体，这为左权民歌生态发展起到了强心针一般的作用。在20世纪50年代，左权就有刘改鱼这样的"歌后"享誉全国，她不仅在中央音乐学院、天津音乐学院、山西大学艺术系任教，而且被文化部评定为"国家级非物质文化遗产代表性传承人"。随后，中国艺术研究院音乐研究所田青教授意外发现放羊倌石占明，他在全国首届南北民歌擂台赛中赢得"歌王"桂冠。此外，田青教授在一次采风中发现了左权盲人宣传队，这些游走于乡间的盲人歌手被邀请至北京进行表演，传统的经典曲目由这些盲人演唱出来，效果是令人震惊的，其为左权民歌的推出贡献了力量。值得一提的是，著名女高音歌唱家郭兰英也曾在歌剧版本的《小二黑结婚》中大量使用左权民间曲调演绎作品。这些知名的演唱者就成为左权民歌这片民歌高原上的一座座高峰。

一门艺术的生长要依靠其背后复杂的环境，这一环境中不仅要有大大小小的品类丰富的单独的艺术作品和作为个体的创作者，还需要有经典作品，以及具有极大生存竞争能力的艺术家作为主导力量。这样的生态环境才能维持艺术的生存，维护艺术的生长，从根本上促进艺术与环境之间的相互影响。

## （二）有空间亦有时间

文化的传承问题在生态理念的视域下其实也是一个时空问题。传统文化与艺术如同生物生长，终其一生都在环境中谋求适应，以维持生命为目标，求得最终走向未来。文化所孕育的内核如同一个个承载基因的细胞，在一个个时空中不断延续下去是它的本能，因而探讨艺术传承的时空是必要的。

传统社会的时空变化较小，所以艺术的发展与变化也不甚大。在传统文化经过近代社会和现代社会的两次变革，承受了社会体制的挑战、社会运动的冲击和社会思潮的洗礼后，传统艺术传承会呈现出一种非连续性，一种时空断裂感，这种状态促使传统艺术不断地审视自身并做出修正。艺术的传承实则是一个连续性的问题，对我们在非连续中找到连续性提出要求。

第一，空间决定艺术的基本状态。

在空间较为封闭的情况下，当艺术形式固步在其本源地时，任何艺术的诞生与成长都与其本源地息息相关，这一地区的文化特点、风土民情、民俗活动、宗教信仰、劳作方式为这一艺术形式的形成提供了最初的土壤。左权民歌高亢的歌声与太行山的地貌有密不可分的关系；歌词中对开花的喜爱与农耕社会和大陆季风性气候不无联系；民歌中的规则制定与模板延续靠的是固定的民俗活动和口耳相传的重复性学习；人们对民歌的认可也促使县内众多艺术团体和高技能的歌手旺盛生长。另外，方言所赋予民歌的独特的艺术形式、各类民俗活动对民歌的展现样式的丰富、县内知识分子对民歌的不断改编和记录都是拥有良好的原生态环境的体现，民歌在其中自由生长，逐渐形成一些稳定的风格，最终凝练成核心的特质。可以说原生的环境造就了艺术最初的形态，但是这种形态是在无意识中形成的，真正让每一种艺术认识自己是其生态空间发生转变的时候。

在空间被打破的情况下，传统艺术形式所处的生态环境会产生新的变化。现代技术兴起后，新的媒介和传播渠道加入，我们生存于其中的环境被扩大，这促使我们跳出传统开始自我审视，传统的"站位"发生变化。在我们讨论生态环境的时候，其实大多情况下是在讨论一种关系，既然产生关系，就涉及多个事物之间的碰撞以及不同环境之间的较量。当艺术在其传统的生态语境中时，往往不能察觉自己的特点，只能被动地顺应周围事物的发展；而一旦进入其他环境中，往往瞬间就可以察觉到自身，并归纳出自身的特点，找寻到自身的发展方向。左权民歌在 20 世纪八九十年代的生态环境不佳，借由"歌后""歌王"名誉的授予，大量主流媒体的反复报道，各类学者的深入研究，才得以大大改观。2019年举办的"左权民歌汇",将左权民歌的生态环境扩展到全国各地,邀请大量海内外的民歌歌手,左权展现各地民歌的过程实际上也是找寻自身艺术特色、树立自身艺术自信的过程。空间的变化实则让内部的特点得以凸显,经过竞争后获得优势的一部分艺术形式不仅在自身的生态系统中获得更加稳定的生长,同时也有机会延伸到外部的生态环境中,构筑另一种可能的生态系统。

第二,时间决定艺术的变化样态。

当时间是连续性状态时,这种状态实则指向农耕社会的一种艺术生长方式,连续的时间使得艺术在缓慢的历史长河以及稳定的社会环境中自发成长,尤其是诸如民歌这种和地域有极大关系的艺术,其变化是缓慢的。传统社会中的时间流动状态是循环的,连续性很强的传统文化及艺术形式身居其中具有强大的稳定性。民歌这种大多数无法记载、只能经由人们口耳相传的艺术形式,其内容和曲调变化较小,加之幽居的环境为左权这样的太行山坳,艺术形式更加稳固。在连续性的时间状态下,左权民歌虽然创新鲜少、变化不多,但在这一段漫长的历史中凝练出了稳定的艺术特点,得以在民歌角逐中占据一席之地。

当时间成为非连续状态时,这种状态实则指向近现代社会的到来,社会发展进程开始发生裂变。中国近现代社会发生的每一次巨变实则都是一种非连续的进程,任何艺术的发展经由这一时期都会被动发生改变。可以适应这些变化的艺术会获得新生,而不能适应的艺术就很可能遭遇极大的冲击。一个现存的文化环境其实是现存传统艺术的生与死的操纵者,当这些活动中的传统艺术及其文化生态环境发生巨变时,可以及时调整自己参与社会实践,力求不与现实脱离,构建一个更好的生态环境。例如,在抗战时期,左权民歌创作者发现了左权民歌作为宣传手段的功能,将文件精神和会议内容编入歌曲,民歌一改往日的小情小爱主题,精神内核有了极大提高。这种跟紧时代、唱响主题、健康向上的模式正是时代的非连续性造成的。左权民歌将政治、文化、经济、教育的最新情况与民歌的内容相关联,达到与人民紧密联系的目的。再后来每每遇到关键节点,左权人都会延续这一形式并将其反映到自己的歌曲中,让民歌一直能够以一种较好的形式生长、传承。文化和艺术的传承,必须以其能否在社会实践中发生实际影响以及怎样发生影响来确定。社会不断发生变化,艺术传承的生态环境也在不断激变,注重生态空间特质,才能让传统艺术传承更具活力。

### (三)有个体亦有共生

采用生态语境的视野去观察艺术传承这一活动时,主要考虑的是艺术内部之间、关联艺术之间和与其他诸如政治、经济等领域之间的一种关系及其对艺术传承的影响。当我们采用共生理论去研究中华传统艺术传承时，应主要考虑各个艺术门类在迭代与地域变化中具有共生关系的传承、各个艺术门类产生交叉时具有共生关系的传承、各个艺术门类在不同的媒介环境里具有共生关系的传承，以及当代政治、经济、文化、教育、民俗等领域之间的共生关系，及其对传统艺术传承的影响。共生理论强调一事物与他事物在发生关联时所产生的相互依存和支撑的作用。当某一事物孤立发展时，难以得到其他事物的支持；而当某一事物的发展与其他事物相关联，产生互相支撑时，相互关联的事物会产生连带效应。① 共生理论的本质特征是"协同进化"，作为个体的左权民歌在自身的演化过程中形成较为稳定的艺术特征，作为生态环境中的其他共生体则协同民歌发生变化。

在政治方面，国家与地方政府一直对左权民歌保持高度关注并善于做出指导。非物质文化遗产的申报、重点节目的推介、明星歌手的培养、义务教育的关注、竞赛活动的组织都为左权民歌的发展奠定了坚实的基础。同时，民歌创作者对于国家重要事件和相关政策也一直抱有关注的态度。例如，抗战时期民歌创作者开始自觉构筑民族凝聚力与强大战斗力，产生《送郎参军》《土地还家》《做军鞋》等歌曲，到现在还被广泛传唱。现当代有《县委书记下队来》，唱的是当时上下一心合作生产；《新开花调》唱的是当时人民新的生活状态及精神面貌。这些都是民歌对于政治领域的良性回馈。

在经济方面，经济的发展状况影响着人民的歌唱内容和民歌的传唱程度。例如，左权盲人宣传队一直靠着演唱民歌来维持生计，之前多唱生活之艰难，现今多唱精神之昂扬。而民歌的发展也会为传唱人和地方带来一定的经济效益，进一步加强人民的文化自信。民歌为地方带来的经济效益是直观可见的，如晋中市主办的"左权民歌汇"这样大型的盛典会吸引政府和企业的大量投资，左权县文化广场和相关活动需要搭建设施，新媒体使用的普及则引发当地民众新一轮的传唱热情。这些最终会加深地方群众对于民歌的喜爱，影响左权生态环境的发展。

在文化方面，左权民歌既受地域文化程度和文化特征的影响，又辅助地方文化建设，构建文化精神。左权民歌在诸多民歌中得以脱颖而出，很大原因就是其文化背景较为深厚，使用了歌词比兴手法，曲牌历史积淀厚重、内容紧跟时代主题。同时，通俗易懂的歌曲、欢乐俏皮的舞蹈、复杂系统的剧目也极大地丰富了地方文化的组成。因此，民歌艺术对继承优秀传统文化有着重要的作用。

---

① 王廷信.中华传统艺术当代传承研究的理论与方法："生态理念"与"共生机制"视角[J].民族艺术，2021(3)：55-67.

在教育方面，政府在义务教育阶段将左权民歌编入地方教材，邀请传承人进行教授，同时编撰左权民歌相关书籍。这一做法一方面丰富了教育的内容，另一方面也为左权民歌的生存与发展提供了有利的条件。2008年，左权县政府将民歌小花戏编入学校的使用教材，并配套有8份光盘，这为左权民歌的普及奠定了基础。对下一代潜移默化的影响使得左权民歌至今都在县内乃至全省广泛传唱，充满生机。

在民俗方面，民歌本就是民俗的产物，而民俗活动的可持续性是地方文化得以生存和繁荣的重要指标。左权的社火极为热闹，参与的人员与组织也十分繁多，县内的演出团体有上百个，都是民众自发组织起来的，节目则是各团体自编自导自演。人们对于民歌和花戏的喜爱将民俗活动推向一个个高潮，民歌地位的确立，增加了民俗活动的传承意义，人们在民俗活动中的深耕也促使这些活动成为系统性工作，县内致力于整理民俗相关记录工作的人员也大幅增加。

民歌与其他领域的共生，实则是传统艺术在当代发生作用，与人们的生活产生共鸣的直观反映。共生关系好，则生态环境佳，艺术的传承、文化的发展、各个领域的作用才能更好地延续与发挥。因此，共生关系实则是全方位协同进化的基本要求和本质特征。

### 三、左权民歌传承的生态原则

在艺术传承研究过程中，参照生态学，利用生态理念和共生原则是有益处的。文化或是艺术的发展本身就如同生物有机体，对周边的环境有一种调节性反应，这是我们将其结合研究的依据所在。在生态理念语境下，左权民歌在传承过程中应保持四个原则：客从于主原则、种群大于个体原则、共生共建原则和交流互动原则。

#### （一）客从于主原则

传统文化传承其实是一个"文化自觉"问题，要求传统艺术在传承中保持有主有从与主客区别的原则。我们在民族性与全球化的语境中讨论传统艺术，实际涉及一个主体意识的问题。一个生态环境中总是有各样的组成部分，这些组成部分在环境中也会不断改变自身状态和所占比重。但不论环境如何变化，不论要融入多少外来文化，我们都要坚定保持"从属于自己"的原则。

客从于主的原则首先是要明确"主"。在同样的一个文化生态语境中，有些艺术的生存能力强，有些艺术的竞争能力弱，弱的艺术或者说无法参与竞争的艺术形式，我们可以将其保留在博物馆、学校、社团、研究组织中，而那些充满生机或者说惰性很强、生存时间久的艺术则可以在新的生态环境中适应变化，获得主导地位。左权民歌时间跨度长，艺术特征鲜明，受众基础稳定，同时还被我国第一批非物质文化遗产名录收录，因而在左权县、晋中市甚至山西省，左权民歌是"主"。"左权民歌汇"这一活动虽然定位为"国际民歌赛"，参赛选手覆盖全国90%的省（自治区、直辖市），少数民族歌手占入围人数的30%，并有来自加拿大、俄罗斯、美国、乌克兰等国家的选手报名参赛，但是比赛主题始终围绕左权民歌展开。节目的编排、著名歌手的演唱、穿插的小型节目都以左权民歌及左权地区艺术形式为主。

客从于主的原则其次是要接纳"客"。"客"的出现实则是这一艺术传统获得新生的一次契机。左权民歌如果始终局限于历史形态，那么随着新技术的使用势必会被淘汰。"客"是一种新的生态环境出现的可能，所以接纳"客"，也是在主动适应生态环境的变化。抗战时期的左权民歌接受了红色思想才焕发出活力和生机；中华人民共和国成立后左权民歌走出去与其他民歌相比较才获得大众瞩目；脱贫攻坚时期的左权民歌转化思路，延伸出实体产品才带来实际效益；"左权民歌汇"把国内外众多歌手邀请进来才促使人们更加认识与认可左权民歌在各类民歌中的地位。因此，客体或者说其他相关艺术的引进，实则可以提高"左权民歌汇"的观赏度、美誉度，并全面展现民间歌曲特别是左权民歌及其代表"开花调"的美学价值。

客从于主的原则最终是要对传统进行传承。"传统本身就是具有社会整合性质的言行，具有使同一传统的群体凝聚在一起的作用。"[①] 传统艺术的传承终究需要在群体中产生影响才可以实现。传统艺术的传承状态是我们现有文化生态环境的直接展示，我们看怎样的艺术作品，听怎样的艺术作品，偏爱感知怎样的艺术作品，是我们民族主体意识与态度的直接呈现环节。积极吸收"客"的优势，主动将其融于"主"是传统艺术得以在当代社会存活的重要手段。吸收各类新兴媒介的传播渠道、学习其他歌曲的创作手法、展开不同民歌的对比活动、充实先进思想、拓展观照视野、丰富展示手段、进行多样交流，都是客体对于主体的补充。传统是各种元素的集合体，各类传统艺术与现代文化的交流是以各个种群为单位展开的，在这种活动中最重要的就是有一个清晰的"自我"，这种自我是最具生命力和民族精神的，客从于主是传承活动中保证传统艺术生态活力的最重要的原则。

---

① 张世英.哲学导论（修订版）[M].北京：北京大学出版社，2008：289.

## （二）种群大于个体原则

生态理念中有一个"种群原则"，就是说研究文化，不能研究它的成分或者说个体，要研究同一种类个体的集合，在集合的基础上才能展开交流与互动。"不要研究成分、个体，它们总是抽象的，因为没有任何观念可以独立繁殖、成长、成功。观念都是成群而来的，一个孤立的观念是一个僵化的观念。"[①] 要研究种群，即同一种类的个体的集合，这样才能将它们重新置于一个生态系统中，建立在交流和互动之上的平衡。

左权民歌的种群由大腔、小调、杂曲三个部分构成，其中最具代表性、最有艺术特色的是开花调。开花调在2006年被编入国家非物质文化遗产名录后，立即受到地方政府、组织、协会、学者的关注，并迅速形成一定的规模。但当我们在研究某一类型的左权民歌的时候，其实是较为单薄的，因而对民歌中其他组成部分的了解就显得较为必要。例如，"大腔"虽然流行面窄，会唱的歌手较少，但是学术价值却大。它的曲牌结构与宋元时期的一些曲牌结构有很多的相似之处，保留了古代的音色和韵律。大约是宋元时期的艺术流传至此，由于地方的闭塞，其没有继续发展成地方戏曲，而是以原始曲牌的形式保存了下来，从而恰恰成为一种较为原始的研究资料。杂曲则更多地出现在左权的民俗活动中，不同的民俗节目配合以不同的杂曲也颇具魅力。另外，由于河南河北受灾时会有难民走入太行，进入左权，不同地域的民歌对于左权民歌的发展也有一定影响，因而在研究左权民歌时，也要重视左权民歌的种群构成及其特点。

左权艺术的种群则更为庞大，除了开花调这样的首批国家级非物质文化遗产，2014年，左权小花戏也成功申报为第四批国家级非物质文化遗产。"左权剪纸""五里堠竹马""黄河阵""布老虎工艺"都被评为省级非物质文化遗产。此外，左权还拥有专业人员构成的演出团体，较早的有1938年成立的"左权盲人宣传队"，1951年成立的"抗美援朝文宣队"，1958年成立的"红旗歌舞团"，1996年的"小花戏艺术团"。历史上的民间左权艺术团体非常多，1940年时左权有70个剧团，其中30个较为优秀的剧团会参加大会演这样的节目，频繁的交流也大大鼓舞了群众的参与热情。时至今日，左权的各类艺术团体有上百个，且都十分活跃。左权的艺术种类多，优秀的艺术形式繁盛，参与的群体也较为庞大，这就使左权艺术种群一直生活在一个充满活力、群体丰富的生态环境中，对于左权民歌的研究非要从这些部分入手才能找到其个体本质。

---

① 德布雷.普通媒介学教程[M].陈卫星，王杨，译.北京：清华大学出版社，2014：268.

左权文化的种群是左权生态环境的一个重要组成部分。左权这一地区有其自身的独特成长轨迹，而后影响到其中的艺术样态和民众的生活。首先，左权在农耕时代受地理位置的影响，本身充满封闭性，因而在左权的文化中，有其保守性和惰性，这种惰性促进及增加了其他艺术形式的稳定和历史研究价值。其次，左权县内的麻田曾被称为"太行山上的小延安"，这里有众多宣传部门和艺术院校、艺术团体曾经驻扎，为左权带来一流的人才和先进的思想。最后，中华人民共和国成立后，全社会对于传统艺术非常重视，人们通过一个又一个杰出的歌手认识了左权民歌，认可了左权民歌，构建了左权人民对自身的文化认同。这些不同的文化成为现在左权民歌的精神内核的组成部分。文化是复杂的，不是单一的，它承载着过去，反映于当下，指向着未来。当我们在研究生态环境时，需要注意到它们的复杂性、种群性，才能更好地与实践相结合。

### （三）交流互动原则

交流互动是一个艺术传承的本质特点，也是一个艺术传承领域中深层意义上的"文化创新"问题。面对现代化的激变和全球化的浪潮冲击，每个民族对于自我文化持有的态度都是非常复杂的。在"后殖民主义"中，发展中国家为自己的文化的民族性找出路；在"后现代主义"中，发达国家也在顽固地与所谓权威和传统相抗衡。艺术的创新就是要在这种复杂的环境中吸纳适合自己的元素进行创新。在传统艺术传承活动中，我们不能把传统的艺术形式当作事物看待，而是要把这种具体的艺术当作一个生物有机体，当作一种关系看待。生物无法独自存活，它需要一定的环境，需要多样的种群，各个要素之间相互配合，因而交流和互动就显得十分必要。

民歌传承要"引进来"。"引进来"的背景环境可以是主动的，也可以是被动的。"引进来"的内容可以是技术上的，也可以是思想上的；可以是资金上的，也可以是管理上的；可以是个人的，也可以是集体的。左权如果没有将红色思想融入民歌，或许现在民歌还拘泥于小情小爱中；如果没有邀请国内学者，或许现在民歌仍旧在山坳中默默无闻甚至消亡；如果没有充分利用现代技术，或许就举办不了民歌汇让左权民歌继续大放光彩。"引进来"实则是对生态环境的一次冲击，但由于是客体主动进入主体，因而原生的生态环境还是可以很好地调整，以适应更好的发展。同时，"引进来"也意味着主动引入高质量的作品、个人、理念及技术。例如"左权民歌汇"就是一个大规模的主动"引入"活动，邀请的评委与嘉宾主要有阎维文、蒋大为、田华，以及藏族歌手降央卓玛、维吾尔族男高音歌唱家克里木，邀请的参赛选手也来自其他省（区、市）、国家，引入他者意味着对自我更加严格的要求，意味着一次更加充沛的成长。

民歌传承要"走出去"。"走出去"是要在充分了解自己的艺术形式，熟练掌握自身的艺术技巧的基础上，与其他的民歌、其他的艺术相互学习合作，并进一步带动当地的市场和资源，带来更多的机遇。任何传统的艺术形式，只有"走出去"，才有话语权和主动权，才可以壮大自己。不同地域的艺术与艺术、传统与传统之间虽没有绝对的优劣，但是也需要相互碰撞，才能了解别人，认清自己。左权民歌之所以在众多的山西民歌乃至全国的民歌中占有一个重要的地位，很大程度上是因为其在不断对自身进行有效的输出。在近百年的时间中，左权一直积极推出影响力大的歌手、传唱度好的歌曲，同时不断关注媒介的发展，利用媒介进一步推动歌曲的影响力，利用不同的媒介进行不同的传承传播工作。左权民歌积淀到今天才可以举办规模庞大的民歌类节目、民歌类研讨会，才能收获来自县、市、省、国家各个级别的关注，并在此基础上带动其他非物质文化遗产的发展、带动周边经济的繁荣，没有当初的"走出去"，就不会有现在左权民歌更加系统的发展。

任何文化和艺术都不能在封闭的环境中去自我检视、自我革命、自我修复，文化需要外部的不断刺激来更新自己的内容、提升本领、强化生命力，这要求我们在一定的文化冲突张力中矫正心态，推进各传统艺术在各环境中的适应力，最终求得传统艺术不断传承与发展。

### （四）共生共建原则

就像生态学研究生物与无生命环境之间的依赖和互动关系一样，研究传统艺术传承的生态语境就是要研究传承活动与其他相关独立环境之间的互动关系。这需要从两个及两个以上的独立层级展开，因为解释的实质意义就是将一个事物带进其他的事物中。现代化转型中的共生共建原则，从某种意义上来说处于一个更为复杂的文化环境之中，这种文化环境拥有现代意义上的制度构建能力，是一种具有决策性的生态环境，附属性降低，主动性与独立性增强，它可以决定每一种传统艺术具体的走向和生存的样态。

共生共建可以赢得竞争。现代艺术的发展模式与教学模式究竟走向何处，我们可以从传统艺术中寻找答案。左权民歌的现代成长背景实则就是西方与东方、学院派与原生态的一次角逐，是传统与现代的一次碰撞。当时的众多音乐领域的专家学者为了与所谓的科学唱法相抗衡，走入田野，寻找中国最传统的尚未被人们注意到的、充满魅力的演唱方式，而后才有了越来越多的民歌被发掘出来。石占明这种歌手的出现实则是原生态派学者们最为有力的一次回击，宣告了在现代化建设中，传统艺术的意义与作用之所在。这之后,左权县内的传承人走入教育行业,政府部门注重民歌的宣传力量,人们开始从真正意义上注意到落后县城是如何利用优秀的传统文化参与到现代化建设的过程中。民歌的繁荣带来了人民的自信,各类相关的民俗活动也逐渐开始找寻自己的价值。新媒体的出现让人们不必拘泥于现场和节庆活动而随时随地可以感知歌声的魅力,抖音、快手等直播 App 已经成为新一轮的传播高地。这些不同的情况都在证明,只有多个领域的相互合作才能助益传统艺术在现代社会中赢得竞争。

共生共建可以展开合作。在进行传统艺术传承的过程中,我们需要将其与政治、经济、文化、科技、教育等领域建立关系,构建一种合理而密切的共生合作机制,让每个领域意识到这种紧密联系。我国非物质文化遗产保护领域就完成了这种体系的初步建构。面对有优势的传统文化,由政府发起,利用各种技术积极搭建平台,各组织配合其自身构建。例如,左权民歌就是近年来山西省政府极为重视的一个"品牌",政府有意识地促使其在山西省唯一获得国家广电总局批复的民歌晚会类节目《中国民歌春晚》中出现,目的就在于抢占全国民歌类品牌活动高地,进一步扩大品牌影响力。山西省委、省政府在锻造黄河、长城、太行三大板块旅游新品牌的行动中也积极要求加入左权民歌,这种合作就是相互提供最优资源、互为补充、共同发展的结果。

共生共建可实现积极保护。共生共建原则中还有一种保护机制,即无法参与竞争、不得不自我放弃传承的文化,则需要其他领域对其进行主动保护,将传统文化放置于专业学校、社团组织、各类场馆中保存。同时,建立更为完善的法规制度、奖励机制、惩戒办法等配套机制,盘活生态系统,为未来可能出现的新环境或机遇做准备。因此,大量的左权民歌研究工作者开始收录整理历史上出现的左权民歌词谱,或收录在书籍中,或刻录在光盘里,或传播在网络上,使左权民歌得到很好的保护与传承,并为其下一次发力奠定基础。

## 四、左权民歌传承的实现路径

在生态理念的语境下,左权民歌传承的实现路径既需要满足有机生物生命延续的特征,也需要满足文化交流本身所需的内核。在共生理念的视角下,左权民歌的传承需要满足种群性、功用性和保护性的要求,以期最终可以分类别、分路径、分办法地为左权民歌构建良性的生态环境,实现其在现代社会的传承。

## （一）种群性传承

种群这一概念我们在上文提到过，任何观念、任何传统都是从种群中发展而来的，孤立的传统或者艺术形式都是不可能存活的。现有的传统艺术往往已经聚拢各自的关联主体。在我们进行传统艺术的传承活动中，就需要注意传承活动要以"种群"为单位，任何一种放任"个体"性的传播都是对其生命持续性的直接冲击，这也是为什么要将传统艺术传承问题放入"生态语境"下研究的重要原因。

首先，种群即本质。单独的个体无法显现事物的本质，中华民族的传统艺术不仅仅是文人或宫廷艺人所创造的，乡间文化、乡间艺术也是其重要组成部分，这些个体在千百年的运动中共同构成中华民族文化这一大种群。支撑传统艺术可以延续到现代社会，并同现代社会一同转型的是其本质特点，而本质特点在单个的艺术作品或者单个的艺术形式中是无法判定的。艺术个体之所以可以集合起来，并在一定的文化语境、社会语境中重新获得生机，是因为它们拥有共同的富有生命力的内核，这些内核不仅仅是艺术的本质特点，亦是民族得以延续、文化得以繁荣的本质要素。因而在进行传统艺术传承的工作中，我们需要透过种群研究发现其本质所在。

纵观左权民歌的生态变迁史，它之所以可以经历明清两代的孕育、抗战的洗礼、"非遗"的收录、地区的建设后又焕发活力，并产生极具代表性的作品和人物，终究还是因为它是对人民生活的一种观照，满足了人们表达情感的需求。左权民歌的发展史本身就是左权人民生活、性格、精神的一种侧写，这也是左权民歌最大的艺术特质。若此地人民热爱生命、自强不息，那此地的艺术便会经由时代洗礼而不轻易消逝。因而我们在艺术传承的活动中，要以群体为单位进行研究，以种群为对象抓住本质，才能更好地开展传承工作。

其次，种群即生境。每一个种群都会获得一个独属于自己的小生态环境，这种生态环境不可复制，两者之间相互制约。当环境有利于其发展时，这一种群就会迅速发展，当环境不利于其发展时，种群就会迅速缩小以致消失。反之，种群一旦发生改变，周围的环境也会受到影响。生态环境不仅仅是由内部的各个艺术作品、艺术创作者或是艺术受众决定的，外来的思潮、意识形态的引导、媒介的迭代、经济的转变、历史事件的转折都有可能促使生态环境发生改变，使种群进行结构调整。

左权民歌由于其特殊的地缘属性在抗战时期迎来了自己的发展高潮，大量具有先进思想和革命热情的艺术工作者进驻到这里，带来了新的艺术理念和艺术形式，左权民歌也开始悄然地发生变化，并扩大自身的传播范围。这就是生态环境对于种群传承影响的真实写照。左权地区地理位置偏僻、经济落后，长期贫困县的身份造成本地民众极度的自卑感，这会严重影响人们对其本土艺术价值的判断与传承。但是，随着左权民歌在社会上取得越来越多的突出成果并得到了来自中央的支持和各专家学者的认可，大家开始重新审视自己的传统艺术，在发展民歌的基础上大力发掘其他艺术形式，这对于左权县的经济、政治和文化生态环境的改善起到极大的作用。这就是种群即生境的含义。在艺术传承工作中，我们要从更大的视野肯定自身工作的价值，同时从联动的生态环境视角入手，才能对传统艺术进行更好的传承。

最后，种群即竞争。种群是一群主体，具有强烈的排他性和竞争性，因而传统艺术的传承工作不能仅仅是和谐互助，更应该有角逐竞争。传统艺术本身就因其强大的惰性才在历史长河中占据有利位置，若能更好地利用现代介质，便更易在竞争中获得机遇。

这种竞争性首先表现在种群内部的摩擦上，这种摩擦往往会诞生出更加优秀的艺术作品。抗战时期，人们不断接受新的思想和新的文化，有关左权民歌和左权小花戏的新作品层出不穷。这些新的作品往往在县元宵节文艺大会演中被比较，成为一年一度的群众性文娱竞争的传统形式。大家晚上进行表演，白天对前一晚的作品做出评选和意见修改，促使民歌和花戏更高水平地结合，作品质量也在不断提升，这种比较催生出更加健康的生态环境，有利于民歌更好地发展。

山西的民歌种类繁多，在这样一个大的环境中，如何让左权的民歌脱颖而出，左权当地的做法是抢先构建文化品牌。于2017年开始筹办、2019年正式举办的"左权民歌汇"，虽然受新冠疫情影响只举办了两届，却取得了巨大的收获。其间，当地政府带头喊出了"中国民歌在山西、山西民歌在左权"的响亮口号，并积极与新华网、人民网、央视等高端平台进行合作，在山西民歌的生态环境乃至全国民歌的生态环境中获得竞争先机。疫情期间，左权民歌也并未在民俗活动中消失。我们可以观察到，不论是左权盲人宣传队还是普通民众，都在利用直播等形式在网络唱响左权民歌，这就是左权人民利用新生态环境中的介质对自身竞争能力的主动提高。在未来，如何引导民众更好地使用新媒体，适应新的生态环境，在竞争中获得胜利，这需要当地政府着重关注。

### （二）功用性传承

传承可以持续，是因为其产生了一定的功用，也就是说要在现代社会中对人民产生直观的影响。人民认可这种功用性并对其进行实践，才能达到传承艺术的目的。传统艺术的功用不仅仅体现于传统社会，更对现代社会的建设提供可参考的思路，我们要善于发掘传统艺术的功用，将这些功用发挥到最大以更好地进行传承工作。

民俗活动方面。民俗活动是人们日常生活中的具体活动，也是这一地区人们所共同继承的生活习惯，是社会意识形态的具体体现。我们的传统艺术大多来源于各类的民俗活动，因而开展民俗活动是艺术得以传承的重要条件；反过来，传统艺术若想保持鲜活，也必须在各地的民俗活动中展开。改革开放之后，左权与其他县城一样，产业结构发生了巨大的变化，传统的农业社会早已被现代化的工业文明取代，民歌中的粮食、植物、动物以及有趣的自然现象消失大半。原有的生态消失，原有的趣味也就发生改变，现代娱乐方式也正在冲击震荡着原有的经济模式，这其实是所有原生态民歌所面临的共通性问题。面对社会巨变，地方政府带动人民共同提高生活水平才是民俗活动得以延续的根本力量所在，这也是国家一直提倡建设农村的现实意义。

目前，左权县内的相关表演队伍有上百支，作家舒乙曾在春节期间观察过左权，他描述道："从正月十四到十八，从早到晚闹社火，村村如此，无一例外，完全自发。"其中，社火包括唱民歌、跳花戏、跑竹马、耍龙灯等表演。在舒乙看来，"能够这么过节，这么闹社火，很关键的一点是，要有相当的经济基础，要有钱啊！只有腰包鼓了，生活安逸了，才有心情，才有资本去唱、去跳、去耍、去闹"[①]。人人都能留在家乡过上更好的生活，人人都爱听民歌也会唱民歌，才是艺术传承应具备的稳定的良好生态环境。要进行传统文化传承，就必须保证民俗活动的进行，要保证民俗活动的进行，就需要提升地方经济水平，最终提升活动审美水平，促使地方生态环境优化，延续传统艺术活动，使其自由生长。

典型塑造方面。传统艺术若要发挥最大功用，需要树立自身的艺术典型。典型是某一艺术的高水平的显示，是某一艺术的本质特点的彰显，是与其他艺术相比较时得以区别开来的标志，树立艺术典型有助于这一艺术形式权威性和话语权的构筑，集中力量发挥其实践价值。全国民歌类的非物质文化遗产很多，如何在众多种类的民歌中保证自身的独特性和影响力，是左权民歌在传承中需要注意的问题。左权民歌的典型是开花调，然而左权民歌里叫"开花调"的太多，大约在20世纪60年代，山西省歌舞剧团团长说，"我们不能都叫'开花'，应该有名字"。因此，"大开花"就被定名为《桃花红杏花白》，这样就有了一个更为具体的代表性的作品。《桃花红杏花白》在山西乃至全国的传唱度都很高，是各类大型活动中常演常新的曲目。

在典型歌手的塑造方面，歌手石占明的出现，不仅仅是优秀民歌歌手的一个必然结

---

① 舒乙.中国真的变了[N].中国光明日报，2013-03-04（9）.

果，其中还有学术工作者的努力。声乐界质疑原生态的时候，一批和石占明一样用原生态唱法演唱的歌手的出现，其实是原生态派学者不断深耕田野后产生的结果，是相关学者们不断自证后的结果，这种典型不仅具备传统艺术生存的意义，也具备学术争鸣的价值，成为一种别具一格的典型案例。

在艺术传承活动中，典型具有重要的意义。以"左权民歌汇"为例，第二届民歌汇的举办就已经具备了极好的品牌效应、溢出效益，在地方民歌传承，乃至整个国家的民歌文化传承中都成为一种重要标识，更是民歌领域的头部风向标。这一活动推出后，其他省市单位对其进行了学习与模仿。利用平台和更加丰富的活动机制构建典型、强化典型，才能更大程度地发挥传统艺术的功用，凸显传统艺术的传承意义。

### （三）保护性传承

随着社会的发展，城镇规模的缩减，人口流动的变化，娱乐方式的多样化，左权民歌的活动空间也受到影响，迫切需要人们对其进行保护性的传承工作。我们在对左权民歌这类传统艺术的保护性传承中应注意以下几个部分。首先是对左权民歌的原生态环境的保护，这是民歌出现、发展、成长的根本环境。其次是对左权民歌的教育式保护，做到积极介入普及式教育和专业性教育，除了实践领域，关于理论和基础性知识的传授也十分必要，将传承工作纳入教育也是重新开辟生境的渠道之一。

原生态的保护方面。左权民歌是对生活的再现，是对情感的追求，是对周围事物的直观反馈，因而对原生态的维护是对艺术生态环境的基础性保护。这并不是要求左权保持太行山区内一个小山坳的形象，县城亦需要发展，县内的人民生活水平也需要提高，这与民歌的发展并不冲突。民歌本就是人民之歌，是对人民生活状况的直观反映。在生活困苦时，人民便歌唱困苦；在斗志昂扬时，人民便歌唱斗志；在努力劳作时，人民便歌唱劳作；在生活富足时，人民便歌唱富足。

保护原生态，其实是要保护人民自己的家园，让家园留住人民。在政治上，就是要有良性的顶层设计，让民众感知到前进的方向、发展的希望，让政策与民歌和人民的生活息息相关。在经济上，就是要让县城的经济环境好转，留住本地的居民，让民歌的传唱后继有人，让民俗活动得以持续。在文化上，就是要进行积极的引导，让非物质文化保护深入人心，让文化复兴提升人民的文化自信，手握自己的传家宝。在生态环境上，保护好青山绿水，让开花调有花可唱，有花可观，让人民切实感受到家乡山水的可爱。例如，左权县就曾将"左权民歌汇"与地方文旅相结合，利用左权"百里画廊"莲花岩风景区，设计"一带两园三板块"的发展规划。"一带两园三板块"分别是百里画廊旅游带，麻田红色旅游园、民歌汇文化旅游园，以及太行风光游、红色文化游、民歌海洋游三大板块。这样就将地区的旅游业、民歌文化和红色文化进行了系统的整合。整个百里画廊规划全长68千米，投资32.45亿，可以看得出政府的重视与决心。民歌的发展可以带动县区经济的发展，带富人民的生活。在此基础上，我们要鼓励各类民俗活动持续性发展，将传统的艺术活动生活化，才能保证民歌的活力。我们要利用政治决策的力量合理规划整合各类资源，让文化建设带来的切实利益被民众感知到，最终带动县内人民建设家乡，共同维系传统民歌的生态环境，这才是对原生态环境的坚守与保护。

教育式的保护方面。传统艺术的传承在现代化社会中所失去的阵地，也需在另一个战场中找回。教育式保护一方面是要对左权民歌进行积极引导，另一方面则要求将左权民歌以科普性和专业性的方式在教育领域传承。

教育式保护首先是教育左权民歌应如何更加系统、更加丰富、更具活力，这需要专业人士进行实际的指导。左权的皇甫束玉对当地民歌有较为细致的观察，其学养较好，参与过革命，便积极投身于民歌的整理编写中，为左权民歌的质量和思想性的提高做出重要贡献，他的新民歌《春耕动员》《挽救新四军》《左权将军之歌》都有较大的影响力，对于左权人民后续自发地创新民歌有很好的助益。之后，左权民歌有了对于国家的关注，对于社会的写实，一改往日贫乏的风貌。教育式保护其次是普及性教育的介入，让民歌的影响范围扩大，普及度升高。传统艺术即便不能人人都会，但这一地区也要人人皆知。例如，左权县教育局在2008年就将左权民歌的相关课程编入义务教育阶段课程，并与爱国教育相结合，配合地区的其他非物质文化遗产进行传统艺术的系统化教育，这一做法获得国家文化部非物质文化遗产司保护处的高度评价。教材的编写本就是将民歌体系化的过程，经过专家、艺人、教育工作者的共同努力，左权民歌多年来的成果被凝练，并分阶段、分内容地进驻到教育领域。

教育式保护最后是专业性教育的介入，让民歌的深层价值显示出来，让民歌的成长过程更加丰富。左权民歌的发展过程其实一直有高等院校和研究学者的介入，早期有新文艺工作者对其学习借鉴，并加以改造提升；后期有中国艺术研究院、中国音乐家协会、中央音乐学院这类高校、研究院、协会的学者进行田野采风和课程建设。同时，高校可开设一些专题讲座，将民间艺人请到高校进行讲解，开设相关课程，鼓励相关院校的学生深入田间，去观察当地民众的生活环境、生活习性，发掘甚至创新民歌。这样既能够丰富高校内的授课内容，同时也可以开辟另一条传统文化传承的渠道。只有结合不同领域，探索不同实践路径，才能为传统文化传承找到切实的依据，使其在现实生活中作用于人民生活，增强国家的文化软实力，增强民族的文化自觉、文化自信、文化自强。这是我们研究传统文化、传统艺术传承的真正意义所在。

**作者简介：**

郭婧文，中国传媒大学艺术研究院博士，山西传媒学院讲师。研究方向：艺术学理论、艺术传播。

# 沪剧保护与传承的艺术人类学思考*

黄 丹 王廷信

**摘 要:** 沪剧于 2006 年被列入第一批国家级非物质文化遗产名录,其保护与传承的重要性和紧迫性不言而喻,但是被列为非遗项目后如何对其进行有效保护与传承却仍是任重而道远。纵观以往的研究,大多是围绕沪剧艺术本身,而事实上,没有哪一种非遗的发展能离开其所处的社会和时代。基于沪剧的过去和现在,本文从艺术人类学的视角剖析了沪剧保护与传承中的主要问题,并在此基础上对沪剧的未来发展路径提出了几点建议:建立以"传承人"为核心的人才机制;持续创新以保持艺术传播的活力;合理促进艺术资源化;树立艺术的系统观。

**关键词:** 沪剧;保护;传承;艺术人类学

沪剧于 2006 年被列入第一批国家级非物质文化遗产(以下简称非遗)名录。在非遗项目中,沪剧属于表演艺术类非物质文化遗产(以下简称表演艺术类非遗)。表演艺术类非遗被认为是各民族世代相传并被各群体、团体或个人视为文化遗产的,能够通过人的演唱、演奏、动作、表情来塑造形象、传达情绪和情感、表现生产生活的艺术文化遗产。[①] 自 2003 年联合国教科文组织(UNESCO)通过《保护非物质文化遗产公约》以来,非遗已经广受关注和重视,但非遗,特别是表演艺术类非遗所面临的困境却仍是不容忽视的问题。沪剧作为第一批国家级非遗项目,其保护与传承的重要性和紧迫性不言而喻,但是被列为非遗项目后如何对其进行有效保护与传承却仍是任重而道远。纵观以往的研究,对于沪剧大多是从作品题材、演出技艺、创作过程、沪剧发展历史等艺术角度进行分析的。而事实上,包括沪剧在内,没有哪一种非遗的发展能离开所处的社会和时代。我们不能将目光停留于沪剧艺术本身,而是要用整体性的思维去认识和关注不同

---

\* 基金项目:本文为 2019 年度国家社会科学基金艺术学重大项目 "中华传统艺术的当代传承研究"(19ZD01)阶段性成果之一。

① 刘春玲. 内蒙古表演艺术类非遗旅游开发探析[J]. 内蒙古师范大学学报(哲学社会科学版),2013(1):33-37.

历史时期的沪剧所处的社会结构和文化体系，用语境化的方式去研究沪剧，用过程化的行动去保护与传承沪剧。从这个角度来说，对于沪剧的保护与传承，引入艺术人类学的思维，从人类学视角对沪剧艺术作出观照和研究，也许是极有意义和价值的。

## 一、文献回顾

关于沪剧研究的著作（不包括关于演唱艺术本身的著作），主要有施祥生的《沪剧：现代上海的传统戏曲》、胡晓军等的《沪剧史话》，以及褚伯承的《沪剧与海派文化》。《沪剧：现代上海的传统戏曲》以历史为轴，将沪剧作为城市民族音乐学的一个研究个案。《沪剧史话》对诸多沪剧表演艺术家及其创作的作品进行了介绍和点评。《沪剧与海派文化》基于沪剧所处地域的历史分析，阐明了沪剧独特的历史价值、文化价值和艺术价值。此外，笔者于 2022 年 1 月通过中国知网搜索到关于"沪剧"的文献资料共计 323 篇（见表 1），发表时间跨度为 1955 年到 2021 年。在这些数量不算很多的研究中，大比例的研究或是围绕作品题材、演出技艺和创作本身，或是对沪剧的发展历史从某一角度进行回顾或梳理，较少有研究"跳出沪剧看沪剧"，从艺术人类学角度去研究沪剧的文献就更难寻觅了。而事实上，没有哪一种艺术的发展能脱离所处的社会和时代，作为土生土长的上海剧种，沪剧更是不例外。我们不能将目光局限于沪剧艺术本身，而是要去了解艺术背后的意义世界、社会语境以及文化模式等，要用艺术人类学的整体观和系统观对艺术作深入的观察、调研和探索。

表 1　关于沪剧研究的期刊论文梳理

| 文献类型 | 数量（篇） | 数量（篇） | 研究视角 |
| --- | --- | --- | --- |
| 硕士论文 | 18 | 13 | 历史性研究 |
| | | 1 | 发展研究 |
| | | 2 | 剧目研究 |
| | | 2 | 创作研究 |

续表

| 文献类型 | 数量（篇） | 数量（篇） | 研究视角 |
| --- | --- | --- | --- |
| 期刊文章 | 301 | 58 | 人物访记 |
| | | 48 | 演出或会议报道 |
| | | 101 | 剧评 |
| | | 9 | 演出技艺研究 |
| | | 6 | 演出服装研究 |
| | | 15 | 历史性研究 |
| | | 2 | 传播研究 |
| | | 5 | 剧本台词 |
| | | 14 | 剧目宣传 |
| | | 14 | 发展研究 |
| | | 1 | 沪剧语言研究 |
| | | 5 | 相关书籍的序或读后感 |
| | | 2 | 题材研究 |
| | | 3 | 版权研究 |
| | | 14 | 创作研究 |
| | | 4 | 艺术风格研究 |
| 学术辑刊 | 1 | 1 | 形象研究 |
| 会议论文 | 3 | 2 | 剧评 |
| | | 1 | 创作研究 |

## 二、沪剧发展脉络的人类学分析

艺术总是存在于不同时代的经济、社会、文化等环境之中，会受到所在环境的各种影响，也会反作用于所在环境。从史前艺术演化至今，人类艺术总是与特定的社会状况、生活经验、生命感受和生存理解直接相关，从而在最大情境上呈现出复杂的观念、动机、目的和行为，表达多维的功能和价值意味。[①]沪剧是植根于上海社会的最具上海地域文化代表性的剧种，至今已有200多年的发展历史。最早期的沪剧是一种地道的农民艺术，活跃在乡间村野，具体生动地表现农村的生活百态，质朴而自然，被称为"花鼓戏"或"山歌"。之后由于来自官方的文化重压，以及为了扩大观众范围和提高经济效益，沪剧不得不在演出剧目、曲调音乐、唱腔等方面全面改良，进入"本滩"时期，这个时期的沪剧告别街头巷尾的流浪卖唱，进入众多茶楼书场演唱。1843年上海开埠后，沪剧开始了海纳百川、中西融合的历程。与此同时，京剧、昆曲等相继出现在上海。在当时的上海，京剧和昆曲等被公认是高雅艺术，其给沪剧带来竞争压力的同时恰也成为沪剧改良的动力。自20世纪20年代开始，"本滩"又改称"申曲"，这样的更名在当时的环境下略有"附庸风雅"或"自我夸赞"之意，但也实实在在地反映出沪剧欲登大雅之堂，与京剧、昆曲等一争高下的雄心壮志。随着"申曲"的发展，很多艺人认为"申曲"的演出情节和剧目已经形成一种地方戏剧，更适合称为"剧"。1940年1月，《申曲画报》中的一篇文章建议"申曲"改名为"沪剧"。之后，上海沪剧社成立，并于1941年1月9日在皇后剧场首演《魂断蓝桥》，该戏剧颠覆了以往的演出形式，"西装旗袍戏"大放异彩，广受好评，从此"沪剧"替代"申曲"之名。如上所述，从"花鼓戏"到"本滩"，从"本滩"到"申曲"，从"申曲"到"沪剧"，名称的不断改变见证了沪剧发展的历史，反映了沪剧艺人们不断求适应求改良的积极向上的心态以及不惧艰辛、团结一致的行动力，也从一个侧面说明了剧种想要传承和发展，就必须认清外部环境并学会适应外部环境。

## 三、沪剧保护与传承面临的困境

### （一）人才断层和流失现象严重

沪剧作为一种表演艺术，其保护与传承都离不开沪剧人才。回望过去，沪剧在成长过程中由于艺人们的不断努力显示出很强的生机和活力。中华人民共和国成立以来，沪剧在几代艺术家的奋斗下也曾取得骄人的成绩和引人注目的辉煌。但是，随着社会、经济、文化的全面发展，沪剧观众却不断减少，演出市场日益萎靡，沪剧从业人员收入偏低，人才不断流失，沪剧界面临着青黄不接、后继乏人的困境。2002年，茅善玉出任

---

[①] 郑元者. 艺术人类学的生成及其基本含义[J]. 广西民族学院学报（哲学社会科学版），2006，28（4）：2-7.

上海沪剧院院长，上任第一天发现全院仅有25名演员，她不禁忧心忡忡："这还是堂堂的上海沪剧院吗？我们老了、退了，以后谁来唱沪剧？"2006年，茅善玉等沪剧名家被邀请做"越女争锋——越剧青年演员电视挑战赛"的评委，有人问茅善玉"接下来是不是搞个沪剧新秀大赛？"这个问题问到了她的痛点：整个上海滩，能上台唱一出沪剧的青年演员，满打满算不足20人，谈何比赛，如何"争锋"？① 虽说这样的窘状在之后不拘一格"招外地小孩学唱沪剧"的"创新思维"下有所改善，但沪剧人才断层和流失现象仍是一个必须直面的难题，其直接影响沪剧艺术未来的保护与传承。

### （二）剧目创新力度不够

从沪剧的发展脉络来看，沪剧曾在不断改良和创新中获得了发展和提高，成为独具魅力的上海特色表演艺术。上海长宁沪剧团团长陈甦萍表示：一个剧团能否生存，一个剧种能否传承，很大程度上与能否经常出新戏、出观众爱看的戏，有很大的关系。② 然而近些年来，虽然沪剧界的艺术骨干们一直在努力创新，但是沪剧的发展还是不尽如人意。以上海沪剧院、长宁沪剧团、宝山沪剧团三大院团为例，据不完全统计，2017年1月至2022年1月三大院团五年间主要的演出剧目如表2所示。从剧目来看，26个剧目中有17个是传统经典剧目或老戏新编，近些年新创的剧目有9个，包括《敦煌女儿》《邓世昌》《回望》《陈毅在上海》《一号机密》《青山吟》《小巷总理》《挑山女人》和《苔花》，这些创新剧目受到了较为广泛的好评，让身处困境的沪剧看到了些许希望，但是从整体上来看仍然未达佳境。例如，从题材来看，《邓世昌》为"甲午海战"，《回望》《一号机密》和《青山吟》为"革命历史"，《苔花》为"青少年的心理健康教育"，《陈毅在上海》《敦煌女儿》《小巷总理》和《挑山女人》的题材分别为"革命人物""科研专家""基层干部"和"坚毅母亲"。其中，三剧主人公为女性，不约而同地都是根据真人真事改编。三大院团本身人力有限，从这些创新剧目可以看出，他们为了沪剧的传承和发展一直在做着不懈的思考和努力，但是在这样一个丰富多彩、日新月异的现代社会，这样的主题和内容是远远不够的。沪剧从产生之日起就植根于当时所处的时间和空间，未来的剧目应紧密结合社会和时代特点拓宽题材，更新形式，大胆创新。

---

① 张裕.90后新苗撑起沪剧半边天[N].文汇报，2012-10-22（1）.
② 洪伟成，黄思宇.创作应立足当下——访上海长宁沪剧团团长陈甦萍[N].中国文化报，2014-12-02（5）.

表2　三大院团主要演出剧目（2017年1月至2022年1月）

| 院团名称 | 剧目 | 题材 |
| --- | --- | --- |
| 上海沪剧艺术传习所（上海沪剧院） | 《大雷雨》 | 旧时代家庭悲剧 |
| | 《雷雨》 | 旧时代家庭悲剧 |
| | 《红灯记》 | 革命历史 |
| | 《敦煌女儿》 | 科研人物传记 |
| | 《家·瑞珏》 | 封建大家族兴衰史 |
| | 《邓世昌》 | 甲午海战 |
| | 《回望》 | 革命历史 |
| | 《借黄糠》 | 亲情伦理 |
| | 《芦荡火种》 | 革命历史 |
| | 《金绣娘》 | 军民鱼水情 |
| | 《石榴裙下》 | 旧时代家庭悲剧 |
| | 《陈毅在上海》 | 革命人物 |
| | 《一号机密》 | 革命历史 |
| | 《江姐》 | 革命人物 |
| 长宁区沪剧传承中心（长宁沪剧团） | 《青山吟》 | 革命历史 |
| | 《小巷总理》 | 基层干部工作 |
| | 《两代恩怨》 | 旧时代家庭悲剧 |
| | 《原野》 | 旧时代家庭悲剧 |
| | 《恩怨情未了》 | 旧时代家庭悲剧 |
| | 《麒麟带传奇》 | 旧时代家庭悲剧 |
| | 《上海屋檐下》 | 弄堂故事 |
| | 《风雨江城》 | 革命历史 |
| 宝山沪剧艺术传承中心（宝山沪剧团） | 《蓝衫记》 | 为人处世之道 |
| | 《挑山女人》 | 刚毅女性题材 |
| | 《孤岛血泪》 | 旧时代家庭悲剧 |
| | 《苔花》 | 青少年的心理健康教育 |

资料来源：2022年1月根据戏剧网等相关内容整理而得。

### （三）社会语境的变化

社会语境是艺术作品得以生存和发展的土壤，要改变沪剧的生存状况，不仅要从自身找原因，更要从文化环境、消费环境等方面进行思考和摸索。从沪剧目前所面对的社会语境来看，其面对的困境主要有以下两方面。一是沪语危机。沪剧作为一种具有浓郁的上海地方文化特色的剧种，是以沪语为基础而发展起来的，沪语是沪剧的语言依托，是艺术作品通往受众的桥梁。也正是因为语言的局限，沪剧的流行地区主要集中在吴语地区或者是通晓吴语的人群聚居地。而现今的情况是沪语的处境不容乐观，普通话的强力推广和新上海人的增加使上海地区讲沪语的人口比例越来越低，沪语本身也成了需要保护和推广的对象，这样的局面对于利用方言传唱的沪剧的传播可谓是雪上加霜。二是多元化娱乐方式的冲击。随着社会、经济、文化的发展，人们的消遣方式各式各样，很多现代人在"追星""追剧""观影""旅行"，以及"刷微博""刷朋友圈""刷抖音"中得到了精神上的放松和满足，这样的多元娱乐方式和审美情趣对包括沪剧在内的慢节奏的中国传统戏曲造成了极大冲击。

## 四、沪剧保护与传承的未来发展路径

### （一）建立以传承人为核心的人才机制

所谓"非物质文化遗产传承人"，是指在文化遗产传承过程中直接参与制作、表演等文化活动，并愿意将自己的高超技艺或技能传授给政府指定人群的自然人或相关群体。[1]传承人是非遗保护与传承的核心人物，离开了传承人，沪剧的保护与传承也就无从谈起。建立一套切实有效的以传承人为核心的人才机制，让沪剧艺术家们能够专心于沪剧的传承和发展乃是重中之重。首先，要确保传承人能够有一个良好的艺术研究和创作环境，包括没有经济上的后顾之忧。我国相关政府部门在这一点上一直在做着努力，例如，文化部（现为文化和旅游部）宣布自2016年起，中国1986名国家级非遗代表性传承人补助标准提高至每人每年2万元人民币。其次，不能只依赖传承人，沪剧辉煌的过去是所有艺术工作者共同努力的结果，沪剧未来的发展更需要大量沪剧艺术工作者的参与，所以相关部门应该为包括"传承人"在内的沪剧艺术工作者广泛提供健康而富足

---

[1] 苑利.非物质文化遗产传承人保护之忧[J].探索与争鸣，2007（7）：66-68.

的生长和发展土壤。根据马斯洛需求定理,只有当一个人的基本需要得到满足后才会追求更高层次的需要。相关部门应该根据实际情况制定合理的薪酬制度和人才政策,让沪剧艺术家们能够以一种自信与自豪的姿态专心于艺术研究和创作。

### (二)持续创新以保持艺术传播的活力

对于一些文物之类的文化遗产,我们可以用比较固定的形式对其进行保存或保护;而对于活态的还在发展中的表演艺术类非遗,我们不可能以凝固的方式将其保护起来,我们要做的是如何帮助其更好地适应当前的社会环境和市场需求。在这个日新月异的信息化社会,表演艺术类非遗如若只是守着几个经典剧目,用老一套的演出形式讲着几个旧故事,无论如何是不可能获得传承与发展的。事物的发展都有其规律,从沪剧的发展脉络不难看出,在200多年的发展过程中,沪剧也曾面临或大或小的困境,而当时的沪剧艺人们紧跟时代,不断去了解观众需求,适应社会变化,以勇于改良的姿态完成了每一次艰难的成长。因此,面对如今的困境,我们必须重拾沪剧老艺人们的创新思维,抓住沪剧的文化精髓,紧跟时代和社会的步伐,在艺术内容和形式上进行大胆创新。在注重沪剧作品文化内核的同时,我们还应长期动态关注观众反馈与市场反应,持续创新以保持艺术传播的活力,从而在艺术市场上不断扩大份额,促进沪剧艺术的可持续发展。

### (三)合理促进艺术资源化

在非遗的保护过程中,不仅要充分认识其历史和艺术价值,还要认识其资源价值,这是进行文化再生产和文化创新的基础,①当艺术转化为可以利用的资源并被恰到好处地用于商业化运营时,艺术机构和广大艺术家就可能从中获得经济利益。艺术的商业化也使普通大众有机会走进艺术,体验艺术的美妙,艺术和大众的距离不再那么遥不可及。我国在非遗的保护中实行"保护为主,抢救第一,合理利用,传承发展"的方针,根据沪剧的特点以及上海的经济、社会、文化环境,本研究认为沪剧完全可以进行"旅游演艺"式的产品开发与运营。随着社会的发展,无论是消费者还是政府管理部门都非常重视文化消费。上海是中外旅游者的重要旅游目的地,沪剧是上海地域文化的重要代表,如果能将沪剧艺术融入上海的旅游产品,不仅能丰富旅游产品内容,优化旅游者体验,增进旅游者消费,还能为沪剧提供良好的展示平台,更能为沪剧收获大量的观众,可谓多赢之举。当然,在艺术资源化的过程中,我们一定要坚守沪剧艺术精髓,突出上

---

① 方李莉.从"遗产到资源"的理论阐释——非物质文化遗产保护的前沿研究[C]//2010年中国艺术人类学论坛暨国际学术会议——非物质文化遗产保护与艺术人类学研究论文集.北京:学苑出版社,2012:10-25.

海文化特色，避免过度商业化给沪剧艺术带来不可逆的破坏。

### （四）树立艺术的系统观

像沪剧这样的表演艺术类非遗，其发展过程经历了多次起起伏伏，很多时候并不一定是由于艺术自身的原因，而是一些看起来和艺术并无直接关系的外部事件或力量构建了艺术在当时所面临的政治、社会、文化和经济环境，而且这个环境是会随着时间推移不断发生变化的。因此，我们不能因为沪剧被列为非遗项目就将其视为"历史遗存"加以保护，而应将其视为现代社会文化的一个组成部分令其活态传承，将其置于整个社会结构之中理解其社会文化价值，并且努力寻找外部环境中阻碍沪剧发展的因素，或者改变之，或者适应之。总之，对于沪剧的未来发展，我们不能禁锢于沪剧艺术本身去思考它的未来，而是要将沪剧以及沪剧所处的时空看成一个相互关联的系统，用艺术人类学整体性、系统性的思维去认识它，用语境化的方式去研究它，用过程化的行动去保护与传承它。

## 五、结语

沪剧被列为第一批国家级非物质文化遗产，说明从政府和专家层面已经认识到沪剧所面临的困境，如何去抢救、保护与传承是我们下一步需要认真思考的。其中，抢救或保护只是我们将沪剧列为非遗项目之后的基本目标，更长远的目标是如何以整体化、语境化、过程化的理念和行动赋予其生机和活力，使其在现代社会环境中走上健康的可持续发展的轨道。这才是真正的非遗保护与传承。

**作者简介：**

黄丹，女，1978年生。上海商学院副教授，东南大学艺术学院博士。研究方向：艺术传播和旅游市场。

王廷信，男，1962年生。中国传媒大学艺术研究院院长，教授，博士生导师。研究方向：艺术理论、艺术传播和文化传承。

# 霍普斯会成员的艺术理论建构与社会启蒙

高紫潇

**摘　要**：霍普斯会成员将艺术本体界定为"精神的具体化"或"感动人的力量"，强调艺术自身的精神与感性启蒙特征，以及其取代宗教，推动社会进步的可能性。他们认为艺术只能以自身的方式实现社会启蒙的功能，而此功能的实现有赖于艺术家与民众的沟通。艺术家以美的方式呈现出其全新的思想感情。民众通过艺术鉴赏来提升个人的道德修养，并在社会交往中自觉规范自身的行为。霍普斯会成员的艺术理论是关于艺术引领社会的构想，是蔡元培美育理念的具体化，是辅助"道德国家"建设的启蒙方案。

**关键词**：艺术理论；艺术运动；社会启蒙；美育

霍普斯会（后改名为海外艺术运动社）成立于1924年1月27日，是当时就读于巴黎的中国留法艺术专业学生组织的艺术学会。该会的成员林文铮、林风眠、吴大羽、王代之、李树化、李金发、李风白、曾一橹、刘既漂、唐隽于1927年前后回国，除唐隽、曾一橹外，其他霍普斯会成员都在杭州国立艺术院从事过艺术教育工作。[①] 在杭州国立艺术院的艺术实践活动与理论建构中，霍普斯会成员将蔡元培的美育思想注入其艺术理论，他们成为培养新时期艺术家与尝试通过新艺术进行社会启蒙的一代中国现代艺术家与艺术教育工作者。

霍普斯会的凝聚力主要源于其艺术运动的理念，这种理念在该会成立之时已有雏形，核心就是该会的宗旨——"研究和介绍世界艺术，整理中国古代艺术，及创造新艺术"[②]。1924年到1926年间，霍普斯会成员在法国留学，他们多次以艺术团体的形式组织与参加艺术展览。他们发起的史太师埠（Strasbourg斯特拉斯堡）中国美术展览会得到了中国政界、学界的支持，确立了他们在国内艺术界的名声。这一时期，霍普斯会

---

① 唐隽与曾一橹虽未在杭州国立艺术院教学，但回国后都从事艺术教育与传播工作，发表过多篇有关艺术运动与艺术理论的文章，其艺术主张与就职于杭州国立艺术院的其他霍普斯会成员十分相似，所以本文不将他们的艺术理论建构与霍普斯会其他成员的理论建构相区分，以便运用更丰富的文献资料来印证本文的论点。

② 林风眠. 林风眠全集（第五册）[M]. 北京：中国青年出版社，2014：48.

成员的艺术运动集中在艺术界内部。1927年左右，霍普斯会成员相继回国。1928年到1938年间，他们以杭州国立艺术院为阵地，成立艺术运动社，并在社刊《亚波罗》[①]以及其他报刊中，传播其新艺术观。虽然艺术运动社有许多非霍普斯会成员，且这一时期霍普斯会成员远没有以前团结，但是他们完全可以因知识体系的相似性而被视作一个独特的艺术学术团体。与艺术运动社其他成员不同，霍普斯会成员是该社传播中西融合的现代艺术理念的核心力量。无论是在霍普斯会的艺术运动中还是在艺术运动社的艺术运动中，霍普斯会成员都是艺术运动的重要推动者。正是基于此种原因，有论者将艺术运动社发展的第一阶段追溯到霍普斯会的成立。[②]可见霍普斯会成员对于杭州国立艺术院早期艺术运动研究的重要性。

霍普斯会成员的"艺术运动"包含两个层面的含义：①艺术内部的革新；②以艺术的方式进行社会启蒙。第一个层面涉及新时期艺术品的创作与艺术理论的建构，第二个层面涉及新时期艺术作品与艺术理论的传播。艺术运动社成员李朴园注意到了这两层含义，他在《我所见之艺术运动社》中写道，"林风眠先生好像说过不止一次了，他以为中国的艺术运动应当从两个方面着手，一方面努力创作真的作品拿给大家看，另一方面努力解释与介绍艺术理论，帮助大家了解艺术的真面目。"[③]可见他所说的艺术运动可以简单划分为两个部分：①艺术作品的创作与推广；②艺术理论的建构与传播。霍普斯会的艺术理论建构是其艺术运动的一个重要组成部分，因而关于霍普斯会成员艺术理论建构的研究与关于霍普斯会成员艺术运动的研究是无法割裂开来的，只有将二者联系起来，才能发现其艺术理论与艺术运动的内在逻辑。

目前有关霍普斯会成员艺术理论建构的研究只有个案研究，这类研究梳理了个别霍普斯会成员的理论框架，却未探讨该成员与其他霍普斯会成员的理论之间的共通处，忽视了杭州国立艺术院的现代艺术理论氛围是霍普斯会成员共同营造起来的。另外，这类研究的重心都不是霍普斯会成员艺术理论与艺术运动之间的内在关联，即他们的艺术本体论、功能论、创作观与艺术运动或启蒙理想的内在联系。如陈池瑜在《林风眠艺术理论研究》一文中，从"关于艺术特征及原始艺术的研究、关于中西艺术比较理论、关于美育与艺术运动的思想"[④]三个角度探讨了林风眠对艺术理论的贡献，但未分析前两者与第三者的关系，即林风眠的艺术观点与艺术运动理想的内在联系。郑朝从"倡导艺

---

[①] 孔令伟说，"《亚波罗》与霍普斯会的精神一脉相承"。见孔令伟.关于国立美术院早期美术史教学的一点思考[J].新美术，2018（4）：12.
[②] 杨澜.艺术运动社研究[D].保定：河北大学，2017：1.
[③] 李朴园.我所见之艺术运动社[J].亚波罗，1929（8）：11.
[④] 陈池瑜.林风眠艺术理论研究[J].华中师范大学学报，2001（1）：119-124.

运动、改革艺术教育、探索艺术规律"①三个方面梳理了林文铮的艺术理论与实践,而未探讨这三者之间的联系。

有关霍普斯会成员团体艺术运动的研究并未给予霍普斯会成员艺术理论建构足够的关注。这类研究主要围绕霍普斯会、艺术通讯社、艺术运动社的成立时间、组织形式、具体实践等活动内容展开,梳理了霍普斯会成员的艺术活动及其艺术运动观的演变,发现了霍普斯会成员艺术理论建构与介入社会的理想之间的关联,但并未将这些成员的艺术理论建构视作艺术运动整体的重要组成部分,更没有深入讨论二者的内在联系。

有关个别霍普斯会成员艺术运动的研究也没将关注点放到其艺术运动与艺术理论之间的内在联系上。比如,在《"社会美育"与"艺术运动"——蔡元培与林风眠的教育改革实践(1920—30年代)》一文中,作者将林风眠发动的"艺术运动"的逻辑归纳为"艺术创作—艺术运动—社会启蒙"②,且提到了林风眠的艺术理论建构是艺术运动的一部分,但他没有分析艺术理论建构与艺术运动、社会启蒙的内在联系,而更多是从实践层面来探讨艺术运动的方向、策略及其现实意义。

总体而言,目前关于霍普斯会成员艺术理论与艺术运动的研究已经或多或少地提及二者之间的关联,且注意到霍普斯会成员的艺术运动主要围绕社会启蒙的问题展开。但是这些研究都没有将重心放到二者的关联上去,割裂了霍普斯会成员艺术理论建构与艺术运动、社会启蒙之间的天然纽带,遮蔽了其艺术理论与艺术运动的本来面貌,而只有结合二者,才能更深入地认识二者。

本文试图将霍普斯会成员视作一个艺术团体,探析他们的艺术理论建构与社会启蒙的关系,进而理解作为蔡元培美育思想推行者的霍普斯会成员的艺术理想与贡献。③

霍普斯会成员的艺术理论建构与社会启蒙的关系主要体现在三个方面:①艺术本体论建构与社会启蒙目标的关系;②艺术功能论建构与社会启蒙任务的关系;③艺术创作论、接受论建构与社会启蒙途径的关系。本文将围绕这三个方面的内容展开。

---

① 郑朝.林文铮的艺术理论与实践[J].新美术,1992(1):19-22.
② 戚晨曦."社会美育"和"艺术运动"——蔡元培与林风眠的教育改革实践(1920—30年代)[D].北京:中国美术学院,2017:5.
③ 艺术运动既是霍普斯会成员面向社会传播艺术的活动,又是其争取自身在艺术界内部的话语权的手段。从艺术运动的集体力量角度来看,霍普斯会成员因其在艺术界的人事关系、艺术主张、话语地位的关联性而形成了一股有着强大竞争力的现代艺术势力,是可以被视作一个现代艺术团体的。

## 一、艺术本体论建构与社会启蒙目标

霍普斯会成员的艺术本体意识在该会成立之初就已形成，这与当时法国现代艺术流派在巴黎艺术界的影响力有关联。法国现代艺术流派通过艺术运动的方式扩大影响力，其艺术运动就是围绕艺术"自身的变革"[①]展开的。在艺术运动中，法国艺术家通过不断拓展关于艺术本体的种种观念，创造了新的审美方式与思维方式，颠覆了传统的艺术法则，开辟了合法的艺术空间。

与法国现代艺术流派一样，霍普斯会重视艺术运动，通过艺术运动争取其在艺术领域的合法地位。但不同于法国现代艺术流派，他们的艺术运动是在中国（准确来说是在杭州国立艺术院）形成一定规模的。这种成规模的艺术运动是艺术内部的革新运动，又是一种广泛的社会教育活动。在艺术革新运动的层面上，霍普斯会的艺术运动类似于巴黎现代艺术流派的艺术运动，旨在颠覆旧的审美趣味与艺术界定标准。在社会教育的层面上，"艺术运动"更接近于"艺术社会化""生活艺术化""艺术大众化"[②]等概念，与它对应的实践是具体的艺术教育与宣传，其目标是面向全社会的"美育"或"感性启蒙"。[③]可以说，霍普斯会成员的艺术运动对应着当时艺术界的两大目标：①革新艺术；②启蒙民众。这两个目标的形成源于艺术界面临的两类问题：①艺术界内部的传统艺术缺乏生机；②社会中的旧思想体系需要被颠覆，旧的审美风尚需要被否定。

要解决以上两类问题，实现以上两个目标，霍普斯会成员的首要任务就是回答一个问题——艺术是什么？

### （一）艺术本体论的建构与艺术内部的革新

新文化运动以前就出现了专门介绍"艺术"含义的文章。一部分文章中的"艺术"一词指手工艺，着重强调其技艺特征；还有一部分文章中的"艺术"指美的技艺，与日译词汇"美术"之内涵非常相似。1919年，吕澂在《新青年》上发表了《美术革命》一文，该文区分了"艺术"与"美术"的概念，"凡物象为美所寄者，皆为艺术（art），其中绘画、建筑、雕塑三者，必具一定形体于空间，可别称为美术（fine art），此通行之区别也"[④]。他将"art"译为艺术，"fine art"译为美术，从技艺门类范畴的角度区分了

---

① 盖伊. 现代主义：从波德莱尔到贝克特之后[M]. 骆守怡, 杜冬, 译. 南京：译林出版社, 2017：21.
② 林风眠. 林风眠全集（第五册）[M]. 北京：中国青年出版社, 2014：68.
③ 王洪岳. 审美与启蒙：中国现代主义文论研究（1900—1949）[M]. 北京：光明日报出版社, 2009：225.
④ 吕澂. 美术革命[J]. 新青年, 1919（1）：84.

"fine art"与"art"的概念，认为"fine art"所指范围更小，但并未对"fine art"做进一步的界定。他认识到了"fine art"不同于"工巧"的情感价值与思想价值，但未将此种价值纳入"fine art"的范畴。由此，他的界定过于简单化。

霍普斯会成员进入中国艺术教育界后，开始建构一种更复杂、更现代的艺术定义——关于艺术本体的定义。虽然参考了西方美学家的艺术本体论，但是霍普斯会成员界定艺术的目的并不在于建构一种深刻的新思想，而是尝试整理出一种普遍的、适用于中国的艺术本体论，他们希望这种本体论能够为中国艺术的发展指出一条开阔的道路。1927年，霍普斯会成员林文铮在《何谓艺术》一文中对"艺术本身"做了深入探讨，他认为只有理解了"艺术本身"是什么，才能知道艺术对于人的意义是什么，以及人应当如何运用艺术。他这样写道："吾人对于艺术苟有一种比较恰当的观念，便可以了解艺术对于人生之使命及价值，同时亦可以知道人类对于艺术本身应当探求的目标。"[1] 可以说，如何运用艺术、艺术应当如何发展是霍普斯会成员探讨"艺术本身"问题的一大动力。霍普斯会成员对于艺术本体问题的关注不只是其纯粹的学术追求的体现，更是其改造社会的愿望的体现。

霍普斯会的画家、音乐家、雕塑家、建筑家、艺术理论家都在许多文章中提到过艺术本体。画家林风眠认为绘画有本体，"绘画的本质是绘画，无所谓派别也无所谓'中西'，这是我个人自始就强力地主张着的"[2]。音乐家李树化认为音乐有本体，"纯正音乐的内容就是音乐本身，虽作曲者亦不能用言语来说明其意义，所以要真正了解音乐，还须直接向音乐本身去寻求"[3]。建筑家刘既漂认为美术建筑应当"以艺术本身为归宿"[4]。如果正像他们所说的，艺术是有本体的，那么什么是艺术的本体呢？霍普斯会成员如何理解艺术本体呢？

据目前已有资料来看，霍普斯会成员林风眠与林文铮都曾系统地论述过艺术本体，他们关于艺术本体的观点可见于其他成员的文章中。林风眠与林文铮论述艺术本体的方法不同于西方美学家，他们没有进行严密的逻辑推理，只是通过整理中西艺术史论，找出各类艺术定义的共通点，他们认为这样的结论是具有普遍性的，是适用于全人类的。

林文铮认为艺术是精神的具体化，"艺术是精神的产品，且具有不灭的生命，可与人类长终古。吾故曰：艺术乃精神的具体化"[5]。他从艺术创作者的角度出发，将艺术解

---

[1] 林文铮.何谓艺术[M].上海：光华书局，1931：1-2.
[2] 林风眠.林风眠全集（第四册）[M].北京：中国青年出版社，2014：112.
[3] 李树化.李树化集[M].杭州：中国美术学院出版社，2020：109.
[4] 刘既漂.美术建筑与工程[J].旅行杂志，1929（4）：5.
[5] 林文铮.艺术的本体与其功用[J].青年，1934（8）：124.

释为"精神的产品",同时基于艺术产品的实体性特征,将艺术本体定义为"精神的具体化"。而林风眠认为艺术是感动人的力量,他在《艺术与新生活运动》中写道,"无论从什么定义来观察,艺术的本质都是一样的,那就是'感动人的力量',所谓感动人就是说能使鉴赏者与作者共鸣;艺术作品的作者一定要能使鉴赏者起同情才能完成艺术的作用"①。林风眠从艺术的接受效果出发来定义艺术本体,他认为艺术对他人的精神与情感发生了作用,才算是实现了自身价值,才能以艺术的身份自居。这两种本体论并无冲突之处,只是界定的出发点与角度不同,林文铮更多地从艺术创作者的角度出发,林风眠更多地从艺术效果的角度出发。综合来讲,霍普斯会成员认为艺术的本体是精神的具体呈现,可作为一种感动人的力量而产生作用。

霍普斯会成员界定的"艺术"概念有了观念层面的内涵,而不再停留于技艺门类的层面。跟西方现代艺术界一样,霍普斯会成员大多时候是在本体的层面探讨艺术。这种艺术视野本身具有的革命性使得霍普斯会成员成功参与到了国内艺术革命之中。那么,霍普斯会成员的艺术本体论与中国艺术界内部的革命有什么关系呢?

当时中国艺术界内部有着相当大的传统艺术势力,此种艺术势力强调艺术的文人性,其共识是艺术作品的价值高低取决于文人性(文人精神)而非艺术性(艺术本身),经典论断就是陈师曾在《文人画之价值》一文中写到的,"文人画首重精神,不贵形式,故形式有所欠缺,而精神优美者,仍不失为文人画"②。霍普斯会成员不赞成这种判断,他们认为艺术作品的价值取决于艺术自身,艺术本身是形式与精神的统一。传统艺术过于重视文人性而导致的形式不发达正是其没落的根源,因此中国艺术需要形式革命;同时,传统艺术缺乏时代感,不能体现真精神,所以中国艺术需要革新。

霍普斯会成员所强调的艺术内部的革命包括艺术形式的革命与艺术精神的革命,这两方面的革命是互为表里的。他们建构的本体论就包含着这两方面的革新内涵,具体来讲,霍普斯会成员所说的"精神的具体化"与"感动人的力量",一方面强调精神与情感内容的重要性,另一方面强调形式的表现力。他们认为一件优秀的艺术作品能够很好地通过形式表达主观感受与主体精神,这种观念一方面打击了在传统艺术界有着至尊地位的文人艺术;另一方面也拉开了自身与西方艺术的距离。因为他们认为中国传统艺术的缺点主要在于形式僵化,西方艺术的主要缺点在于主观感受不够丰富。

霍普斯会成员的艺术本体论是革新的艺术理论,一种修正传统艺术观的艺术理论,这种理论为其艺术革新运动提供了重要的理论支撑。不同于巴黎现代艺术流派,霍普斯

---

① 林风眠.林风眠全集(第四册)[M].北京:中国青年出版社,2014:92.
② 陈师曾,吴晓明.民国画论精选[M].杭州:西泠印社出版社,2013:35.

会成员无意通过艺术理念的竞争追逐艺术市场中的利益,他们就职于艺术学院,期待的是教育界以及其他社会各界的认可。他们大规模传播新兴艺术观的意图更多在于改造社会,他们甚至宣扬这样的思想,"我们的学校,从来就是以革新艺术、打破旧艺术的传统观念为职志"①。他们向学生传达现代的艺术本体观念,鼓励学生介入社会,试图通过学校教育与社会教育的方式完成其社会启蒙的使命。林风眠在《艺术与新生活运动》中写道,"在我们的时代,艺术家应该负起时代的使命,以艺术作为改造社会的一种推进力"②。可以说,霍普斯会成员的理想是通过普及新兴的艺术观念,更新社会中的艺术思想,推动社会发展。

### (二)艺术本体论建构与艺术的社会启蒙

霍普斯会成员受蔡元培教育救国理念的影响,尝试通过学校艺术教育与社会艺术教育的方式,完成中国现代知识分子引领新文化运动的重任。③可以说,霍普斯会成员的新式艺术教育是艺术运动的一部分,艺术运动又是新文化运动的一部分。林文铮执笔的《艺术运动社宣言》中就写着,"在十余年来所谓文化运动中,艺术是占着最末一把交椅的……"④与文学、科学领域里的文化运动不同,艺术运动以"感性启蒙"⑤为主要目标,其思想依据就是蔡元培的"以美育代宗教"的理念。在蔡元培的支持下,霍普斯会成员以杭州国立艺术学院为阵地展开艺术运动,将美育理念贯彻于艺术教育方针中。王代之在《创办国立艺术大学计划书》中写道:"美育为近代教育之骨干。美育之实施,直以艺术为教育,培养美的创造及鉴赏的知识,而普及于社会。"⑥由此,霍普斯会成员在国内的艺术运动的目标与蔡元培强调的美育目标有着密切联系。

蔡元培在1919年底发表的《文化运动不要忘了美育》一文中,强调了美育在文化运动中的重要性,他认为忽视了美育的文化运动有诸多流弊,这些流弊可以被概括为缺少运动的勇气与动力,教育界应当通过艺术教育的方式增强国民的勇气与动力,鼓励文化运动的实行。相似的判断(忽视了美育的文化运动有诸多流弊)也出现在陈独秀于1920年发表的《新文化运动是什么?》一文中,他在这篇文章中鼓励将艺术运动纳入新文化运动,他写道:"新文化运动,是觉得旧的文化还有不足的地方,更加上新的科

---

① 林风眠.林风眠全集(第四册)[M].北京:中国青年出版社,2014:69.
② 林风眠.林风眠全集(第四册)[M].北京:中国青年出版社,2014:105.
③ 新文化运动以文化革新与思想启蒙为主要任务,早期从事此运动的知识分子过于重视理性启蒙,而忽视了感性启蒙。
④ 林风眠.林风眠全集(第五册)[M].北京:中国青年出版社,2014:94.
⑤ 王洪岳.审美与启蒙:中国现代主义文论研究(1900—1949)[M].北京:光明日报出版社,2009:225.
⑥ 王代之.创办国立艺术大学计划书[J].贡献,1928(5):87.

学、宗教、道德、文学、美术、音乐等运动。"①他反思了过去的文化运动忽视了艺术的问题，"现在主张新文化运动的人，既不注意美术、音乐，又要反对宗教，不知道要把人类生活弄成一种什么机械的状况，这是完全不曾了解我们生活活动的本源，这是一桩大错，我就是首先认错的一个人"②。由以上论述可以发现，当时教育界认识到了忽视美育与艺术教育的文化运动将会导致民众理性与感性发展的不协调，这个问题也成了后来回国后的霍普斯会成员需要挑战的难题。进入中国教育界后，部分霍普斯会成员希望将艺术运动规模扩大到全社会，其目标也由艺术领域内部的革新扩展成整个社会的启蒙。

要通过艺术教育的方式完成大规模的文化运动，脱离具体的艺术理论是不可能的。由此，从社会启蒙的角度来探讨艺术理论的建构是非常有必要的。据目前已有资料来看，霍普斯会成员是从1927年开始大规模传播艺术本体思想的。当时任职杭州国立艺术院院长的林风眠意识到了艺术理论建构的重要性，他将艺术理论建构列为艺术运动的重要事项，将之视作艺术运动宣传工作的重要部分，并呼吁道："必须艺术界自己团结起来，才能够为艺术界产生许多精彩的理论，给艺术一个普遍的宣传！"③

霍普斯会成员的艺术本体论是其艺术理论的核心部分，其艺术理论与社会启蒙目标的关联在本体论中体现得尤为明显。霍普斯会成员将艺术本体理解为"精神的具体化"与"感动人的力量"，根据这种理解，他们区分了真伪艺术，通过否认伪艺术的艺术价值与社会意义，来对民众的审美趣味进行引导。具体来讲，霍普斯会成员认为真艺术与伪艺术的区别就在于其是否体现了艺术本体，真艺术是艺术家独特精神的具体化，是有真正创造性成分的艺术，而模仿与表现他人精神的作品不是艺术品，至少不是真艺术品，因为其中没有艺术家个性化的精神内核。由此，他们要求艺术家能够真诚。林文铮在《艺术上之新旧问题》中写道："艺术上的真伪不能不分，真伪区别以何为标准呢？真的艺术必出于诚，诚即作家的热情，表现在作品中的热情即是生命，赋有特殊生命的作品便是真艺术。"④艺术家只有真诚地表现生命与精神，才有可能创造出真艺术品，如果连诚心都没有，真正的艺术精神与创造精神根本就无从谈起。林风眠在《前奏》发刊词中写道："青年的艺术同志们，每每看到一般人以月份牌和香烟牌为美术品而爱好之，总不免要叹息一声……"⑤月份牌、香烟牌是画匠制作的缺乏真精神与生命感的伪艺术品，没有真艺术启迪人心的效果。这种认识是霍普斯会成员的艺术本体论的延伸，是符

---

① 张宝明.《新青年》百年典藏·政治文化卷[M].郑州：河南文艺出版社，2019：403.
② 张宝明.《新青年》百年典藏·政治文化卷[M].郑州：河南文艺出版社，2019：404.
③ 林风眠.林风眠全集（第四册）[M].北京：中国青年出版社，2014：29.
④ 林文铮.艺术上之新旧问题[J].亚波罗，1936（15）：6.
⑤ 林风眠.林风眠全集（第四册）[M].北京：中国青年出版社，2014：68.

合其社会启蒙目标的。

霍普斯会成员认为真艺术有生命感，能启迪人心，缺乏创造性的伪艺术是没有这种效果的，这种认识是符合霍普斯会宣扬的创造精神的，也是符合其社会启蒙的目标的。

## 二、艺术功能论建构与社会启蒙任务

留法时期，霍普斯会成员的艺术运动是艺术内部的革命运动，他们认为新艺术的价值在于对艺术性方面的探索，而不在于其对社会大众的影响。这并不是说，他们完全不在意艺术的社会功用，他们只是并不认为艺术应当对普通民众的审美与思想产生影响。

回国后的霍普斯会成员进入艺术教育界，他们的主要任务是落实蔡元培"以美育代宗教"的理念。虽然他们意识到艺术、美、善并不必然联系在一起，但是他们还是选择在艺术理论建构中将三者紧密衔接起来，因为只有将三者联系在一起才能营造出适用于当时社会美育的艺术氛围，建构起不同于以往的艺术社会功能论，一种以社会启蒙为目标的功能论。

### （一）霍普斯会的艺术革命与"为艺术而艺术"

留法时期，霍普斯会成员发表过"为艺术而艺术"①的宣言，认为艺术的终极目的是艺术，它的价值就在于它自身，它自身达到足够的水准才能"为中国在国际间作一有力之宣传"②。

"为艺术而艺术"是法国先锋艺术家于19世纪上半叶提出的文学与艺术的独立宣言，先锋艺术家提出此宣言的目的是要反对当时文艺界盛行的"文学和艺术能左右社会道德的价值取向"③的观念，他们通过这种做法在艺术界创立了"纯粹艺术"。其后，"为艺术而艺术"就成了后来的现代主义家的艺术信条与艺术观的内在逻辑。④这种逻辑使得西方的现代主义艺术家看起来非常独立，他们似乎可以不为宗教服务，不为政治服务，也不为市场服务。

1924年左右，在巴黎留学的霍普斯会成员受到了巴黎现代派的影响，认为艺术有自身独立的发展规律，将艺术自律视为艺术发展的必然趋势。他们不愿创作为政治服务

---

① 吴越中.李风白画集[M].长沙：湖南美术出版社，1985：2.
② 李风.旅欧华人第一次举行中国美术展览大会之盛况[J].东方杂志，1924（16）：31.
③ 戈蒂耶.莫班小姐[M].黄胜强，许铭原，译.北京：中国社会科学出版社，2013：17.
④ 盖伊.现代主义：从波德莱尔到贝克特之后[M].骆守怡，杜冬，译.南京：译林出版社，2017：18.

的艺术，为了争取艺术家探索自我精神的权限，他们宣言"为艺术而艺术"①。

"为艺术而艺术"是霍普斯会成员早期的艺术宣言，当时他们对于现代艺术的理解主要停留在纯粹理论的层面，似乎没有注意到现代艺术家与市场的密切合作。许多知名现代艺术家不是真正的有着纯粹艺术信仰的"苦行僧"，他们在现实生活中并不像部分唯美主义者那样遵循"为艺术而艺术"的原则。相反，"他们中的许多人深深地陷入市场广泛的商业事务中，市场并非处于现代主义发展的边缘而是占据着其核心"②。可以说，到了20世纪以后，虽然"为艺术而艺术"的观念已经内化到现代艺术家的艺术理念当中，但是它并没有成为现代艺术家的原则，而更多成为他们向外界争取其个性化艺术探索权限的依据。那些以探索独立性著称的许多知名巴黎前卫艺术家只是以隐秘的、个性化的方式投靠了艺术市场，他们的艺术运动更多的是以艺术市场的竞争为驱动力。

留法期间的霍普斯会成员通过展览出售过艺术作品，但他们似乎并未注意到艺术市场的重要性。他们与商界合作少，与中国政界、教育界合作多，将注意力更多地集中在艺术的学术问题——中国传统艺术与西方现代艺术的接轨、融合上。回国后的霍普斯会成员既不坚持"为艺术而艺术"的立场，也没有急于寻找现代主义的小众艺术市场，而是主要在教育界内部活动。他们加入了社会美育的阵营，开始强调艺术的社会功能。

## （二）霍普斯会成员的艺术教育与"社会的艺术"

20世纪20年代末，许多中国知识分子在内忧外患的局势下，自觉担负起社会启蒙的重任。"为艺术而艺术"的观念在中国显得格外不合时宜。回国后致力于艺术教育的霍普斯会成员开始建构一种既符合国情，又不过度违背其艺术自律理想的艺术功能论。

当时，西方的现代艺术观念已经影响到中国艺术界，西方艺术界关于"纯粹艺术"与"社会艺术"的艺术功能论的争辩也被移置到中国艺术界。在功能论的争辩中，霍普斯会成员一定程度上向社会需要的一侧妥协了。林风眠否定了早期霍普斯会片面的艺术观，他在《艺术与新生活运动》中写道："其实说艺术本身就是目的，那是错误的。一个人做一件事没有不为某种目的的，为艺术而艺术的人即使没有别的目的，至少也是为了创作的喜悦而从事艺术的，换言之，求快乐就是他们的目的，因为各种人都有他认为快乐的东西，而艺术家就是以创造艺术所认为快乐。"③林风眠从字面意义上推翻了"为

---

① 吴大羽曾回忆过他们因艺术为用或是自由问题起争执的事件。见华天雪，曹庆晖.中国近现代美术留学史料与研究工作坊论文集[M].北京：文化艺术出版社，2020：481.
② 菲茨杰拉德.制造现代主义：毕加索与二十世纪艺术市场的创建[M].冉凡，译.桂林：广西师范大学出版社，2010：4.
③ 林风眠.林风眠全集（第四册）[M].北京：中国青年出版社，2014：92.

艺术而艺术"的说法，他的理由是艺术家至少是为自娱而从事艺术，因而不存在纯粹为艺术而艺术的艺术家。无论是有意还是无意，在艺术功能论的建构中，他避开了关于"为艺术而艺术"的艺术独立精神的讨论，也否定了以自娱为目的的艺术。这种做法似乎只是为了让"社会的艺术"这种提法合理化。

在质疑"为艺术而艺术"的同时，霍普斯会成员肯定了"社会的艺术"，这与霍普斯会成员在国内展开的艺术运动有关。作为艺术运动主要推动者的霍普斯会成员提倡艺术介入社会，强调艺术的社会价值。林风眠说："在我们这时代，艺术的作用不能再限于鉴赏与娱乐了，因为艺术要有益于人类，必须负起时代的使命，否则艺术必然将变成无足轻重的东西，而不能显出它的伟大的价值来。"① 他认为当时的社会需要的是有益于人类的社会艺术，但他认同的社会艺术并不是直接传达某种具体政治理念的艺术或以民众精神为核心的艺术，而是适用于当时社会且将实用价值充分挖掘出来的现代主义艺术。唐隽也曾讨论过此问题，他说："艺术界的朋友们——不管是研耍纯粹艺术或实用艺术，须得明了：这不是要你们放弃纯粹艺术，片面作实用或装饰艺术，而是要你们把纯粹艺术，加入一种装饰或实用的力量和应用，使纯粹艺术，更有意义，更有价值起来。"② 唐隽的表述很明确，他主张在纯粹艺术中加入实用力量，而不放弃对纯粹艺术精神的探索。那么，按照霍普斯会成员的说法，如何在纯粹艺术中加入实用力量，或如何实现艺术的社会功能呢？霍普斯会成员认为，艺术的社会功能只能以艺术自身的方式实现，这体现在他们对社会各界尊重艺术的要求与关于艺术自身精神感染力的论述中。

具体来讲，他们首先强调社会各界要尊重艺术自身的精神生命。林文铮在《艺术的本体与其功用》中写道："艺术因效用而昌盛，因有生命而长存。古代圣明的君主教皇多明乎此，虽借用艺术而不摧残其生命，至今制度及教义虽湮灭已久，而艺术的遗迹孑然独保其不灭的生命。吾甚望今之志士与艺人，在利用艺术之先，应爱护艺术的精神生命，然后艺术才能发挥其伟大的力量，近以致用，远以推进民族的文化。"③ 他肯定了艺术的社会价值，但是在强调艺术的社会价值时，不忘强调艺术精神生命的独立性。这种认识不仅显露出了其介于"艺术的艺术"与"社会的艺术"之间的艺术功能观，而且体现出了其艺术理论的整体性，即霍普斯会成员的艺术本体论与艺术功能论是互为依存的，他们认为一种艺术运动只有在尊重艺术本体的基础上，才能发挥其真正的社会影响力。

---

① 林风眠.林风眠全集（第四册）[M].北京：中国青年出版社，2014：95.
② 唐隽.踏上实用艺术的道上[J].艺风，1934（3）：22.
③ 林文铮.艺术的本体与其功用[J].青年，1934（8）：124.

另外，霍普斯会成员认为艺术社会功能是通过艺术自身的精神或情感的感染力量来实现的，而不是通过传播具体思想或强行输入价值观的外在方式实现的。林风眠在其1941年发表的《抗战四年来之美术工作》一文中批评了当时的美术宣传品，认为美术宣传品没有把握住艺术在精神与情感层面的感染力。林风眠强调，"总之要注意到情绪上的感染，口号与记号的公式只是事物的外层，没有深度，没有感动人的力量，没有取得人类共鸣的同情，简单地说，它没有引诱人、煽动人的内在力量"①。他认为美术宣传品过于重视思想立场的传达，忽视了艺术自身的魅力，不能以艺术的方式推动社会前进，而艺术解放与感染心灵之力才是艺术推动社会前进之动力。吴大羽也认为，"艺术也会推动社会，会成为创造或改革社会的原力"②。总之，霍普斯会成员认为具有精神与情感感染力的艺术才是真正具有社会功能的艺术。

在此之外，霍普斯会成员将艺术在精神与情感上的感染力与"美"的概念紧密衔接起来，将"美"理解为积极向上的情感与精神力量，并将之视为"艺术"应有的属性。这种改变了"美"的世俗含义的理解与霍普斯会成员落实蔡元培"美育"理念的工作任务有关。他们暗自将"以美育代宗教"的理念转换成"以艺术代宗教"③的理念，认为艺术可以美化人心，进而美化社会、美化生活。这是一种极具特色的艺术功能论，从个体层面来看，创新的、积极向上的、解放心灵的艺术能够感染民众，使得民众在生活中模仿艺术，养成良好的行为习惯，追求有价值的人生；从国家层面来看，真艺术能够培养民众的共情心，提升国民的内在修养，这有利于"美"的国家环境的建设与相互关爱的社会交往方式的形成。

简而言之，霍普斯会成员的社会功能论在"为艺术而艺术"与"为社会而艺术"之间找到了平衡点，认为艺术的社会功能是通过艺术精神感染的方式实现的，艺术应当通过启发人心与提高人的内在精神修养的方式推动社会进步。

## 三、艺术创作论、接受论的建构与社会启蒙途径

霍普斯会成员关于艺术实现社会功能的途径的构想体现在其艺术创作论、接受论中，可以说，这两种理论是他们落实艺术运动目标——社会启蒙的方法论。霍普斯会成

---

① 林风眠.林风眠全集（第四册）[M].北京：中国青年出版社，2014：177.
② 吴大羽.师道：吴大羽致吴冠中、朱德群、赵无极书信集[M].杭州：浙江摄影出版社，2021：123.
③ 林风眠.林风眠全集（第四册）[M].北京：中国青年出版社，2014：177.

员认为"艺术之门"①是启蒙的必经之路。一个人应当学会以艺术的方式全面感知事物，发展自己的同情心，进而培养人道主义精神。他们认为一个拥有完善人格的人必然是有着同情心与人道主义精神的人，新文化运动不能只重视理性启蒙而忽视人道主义精神的引导，而人道主义精神的引导需要从艺术教育与感性启蒙入手。

那么，如何以艺术的方式进行启蒙呢？这个问题涉及艺术传达思想的特征，只有认识了此特征，才能理解艺术发挥启蒙功能的具体途径。

### （一）艺术是思想的精妙表达

"艺术"不是技术，也不是思想，而是沟通二者的中介。在霍普斯会成员看来，艺术就在技术与思想之间，艺术家需要同时具有高超的技术手段与良好的思想素养。林风眠在《关于美术之研究》中写道，"美术之研究，首重技术，次为涵养"②。他将技术放在首位，因为技术学习是踏入艺术之门的第一步，作品中体现出的艺术家的涵养与思想才是决定其作品价值高低的关键因素。他在《怎样研究绘画》一文中这样教导艺术生，"你能把握物象，你又能借物象表现你的思感，你就是艺术家"③。他认为艺术生只有把技术与思感融为一体才能成为艺术家。在这点上，吴大羽也有过相似的表述，他在致学生吴冠中的信中这样写道："由技入的，得和道会，由道出发的，得和技合。"④他把林风眠所说的涵养或思感具体化到了"道"的层面，对学生提出了更高的要求，期望学生通过"技近于道"的方式充分展现艺术魅力。

艺术的高妙之处在于其沟通技术与思想的能力，因为它本身就是二者共存的一种形式。这二者以何种形式共存取决于艺术家，艺术家通过特殊技巧将思想呈现在艺术作品中，这个呈现过程就是林文铮所说的"精神具体化"的过程，它决定了艺术的最终形式与精神感染力。吴大羽这样描述"精神具体化"的活动，"艺术是人与天之间的活动"⑤。他将艺术家与外物的精神交往过程称为"人与天之间的活动"，这种活动的"物我合一"性质决定了艺术打动人心的效果。不同于哲学与科学，艺术缺少逻辑感，艺术家不需要过强的逻辑思维能力，却需要充分调动其直觉能力，这种直觉能力与艺术效果密切相关。林风眠在《艺术与新生活运动》中写道："艺术中所表现的思想，决不能用哲学的表现方式来表现，不能用理智的言语来写出，即使写出来，决没有伟大的力

---

① 林文铮．何谓艺术［M］．上海：光华书局，1931：241．
② 林风眠．林风眠全集（第四册）［M］．北京：中国青年出版社，2014：181．
③ 林风眠．林风眠全集（第四册）［M］．北京：中国青年出版社，2014：109-110．
④ 吴大羽．师道：吴大羽致吴冠中、朱德群、赵无极书信集［M］．杭州：浙江摄影出版社，2021：40．
⑤ 吴大羽．师道：吴大羽致吴冠中、朱德群、赵无极书信集［M］．杭州：浙江摄影出版社，2021：122．

量。别的思想，如哲学与科学的思想，是经过了人的理论而来，艺术的思想虽非直接写出，却是有直接传达给别人的效力，是'直诉人心'的、有生命的。"① 不同于理智的言语，艺术的言语是艺术家与自然、外物神交中运用的言语，这是一种新颖的、非日常的言语，其中裹挟的是难以用日常语言言说的思想。

非日常的言语与难以言说的思想统一于艺术作品中，使之具有无限的深邃感与令人向往的神秘力量。这种力量与感觉在霍普斯会成员看来就是美感，是一切让人忘我且接近最高道德的情感。他们认为对艺术品进行审美时，欣赏者会忘却个人存在，产生一种与欣赏对象共情的心理，这种心理能够引导人的理性行动更加接近道德本身。美感是通向道德感的渠道，而道德是不能确定的，是随着具体语境的变化而变化的，美也是一样的，它没有永恒的准则。霍普斯会成员所说的美是不断更新的美，是随着个体生命体验的变化而变化的美。从这个层面上看，霍普斯会成员认为艺术本身就是美的，它有美化世界的功能。林文铮就是在此层面上强调艺术运动的价值的，他在《何谓艺术》中写道："艺术运动最后的目的即是艺术美化一切！"②

基于此种对艺术美的认识，霍普斯会成员认为艺术创作者不是思想宣传者，而是在思想与技巧之间摸索平衡点者。林风眠说："艺术家固然应有哲学的眼光，对于社会的观察要彻底，而且要有思想家的态度，要有固定的信仰，可是在表现这种思想于作品中时，决不能理智地教训式地标语式地表现出来，而要以情感为基础，要在适当的艺术技巧之中表现出来。"③ 他认为不能通过技巧表现于作品中的思想如同宣传标语，毫无感染人心的情感力量，这类作品是不美的，称不上艺术作品。思想与技巧之间的平衡点是不能随意建构的，只能自然而然地衔接于二者真实存在的沟通点上。吴大羽说："画是心灵感应的自然流露，感受的瞬间迸发，自由自在……"④ 他认为真正的艺术创作与艺术突破是自然发生的，不可强行为之，只有这样，真美才能自然而然地流露于艺术作品之中。

## （二）艺术的社会启蒙途径

霍普斯会成员在艺术理论建构中将"美"与"艺术"两个概念紧密衔接在一起，将美视作艺术的属性，将艺术视作"表现于外的美"⑤，即美的外化或可视化存在。他们认为艺术之美不仅可以愉悦身心，还可以提升个人的内在修养，而且这种作用的发生是

---

① 林风眠.林风眠全集（第四册）[M].北京：中国青年出版社，2014：97.
② 林文铮.何谓艺术[M].上海：光华书局，1931：196.
③ 林风眠.林风眠全集（第四册）[M].北京：中国青年出版社，2014：97.
④ 吴大羽.师道：吴大羽致吴冠中、朱德群、赵无极书信集[M].杭州：浙江摄影出版社，2021：146.
⑤ 林文铮.何谓艺术[M].上海：光华书局，1931：20.

很自然的，正如李树化所说的，"艺术为美的表现……其所表现的感情和所引发的共鸣，确是真美的感情，同时有绝大的冲动性，所以得到美满的效果。艺术支配着人的道德行为，是自然的，出于不自觉的，无关心的，不像道德论的力量，来得那样不自然"[1]。

霍普斯会成员相信艺术启蒙与引导人心的力量，他们认为艺术的社会启蒙方式就是将其美的效力作用在每一位国民身上，使得每一位国民的精神受到引导。而这种作用发生的前提为艺术是思想或精神的载体，是沟通创作者与欣赏者的最佳媒介。那么具体来讲，艺术是如何沟通创作者与欣赏者，进而达到启迪心灵效果的呢？

从艺术创作的角度来看，艺术家通过自身与外界的沟通产生新思想后，将新思想表现于艺术作品中，艺术作品的流通性使得新思想的广泛传播成为可能。具体来讲，艺术活动是沟通心灵与外事外物的活动，通过艺术活动，艺术家更新着自身对外物与自我的理解，表现着新事物（与"自我"沟通着的新事物）与新自我（与外界沟通着的新的"自我"），即艺术家不断重塑自己的世界，并将自己塑造好的新世界表现于艺术作品中，呈现出新内容与新思想。艺术家的新世界就是他的新"视角"[2]的具体表达，霍普斯会成员认为艺术工作者应当通过其新视角与新思想来改造社会，而要实现艺术的此种社会目标，首先需要艺术接受者理解与认同这种新视角与新思想。

从艺术接受者的角度来看，能够识别艺术作品"新视角"的欣赏者会被作品打动，被艺术家的新思想与精神感染，进而在日常生活中调整自己的行为方式，使得自己的生活更加接近艺术与美。具体来讲，霍普斯会成员认为艺术具有沟通心灵的功能，而这种功能的实现离不开艺术创作者与欣赏者。首先，艺术创作者应当通过高超的技巧表达其新思想与新视角。其次，艺术欣赏者应当有能力识别出这种新视角与新思想，以完成其与艺术家的心灵沟通活动。刘既漂在《美术鉴赏》一文中探讨过艺术欣赏者识别能力的重要性，他说，"我们所谓了解一点美术品，绝不是看一幅画而知有山有水有人有狗之意"[3]。他认为艺术欣赏者不能忽视艺术理论的学习，因为艺术理论是帮助艺术欣赏者提高识别力的重要方式。当艺术欣赏者能够识别出艺术作品中的新视角，能够感知到其中的新精神时，自然会将之运用到日常生活中，使得日常生活艺术化或审美化。在此过程中，欣赏者的情感世界会变得更加丰富，精神境界也会得到提升。

在创作论与接受论中，霍普斯会成员具体化了美育的实施途径，完成了"艺术教

---

[1] 李树化，高世名. 李树化集[M]. 杭州：中国美术学院出版社，2020：129.
[2] 林风眠这样描述这种新视角的意义："艺术家跟着他所有的圆满理想把物象事象重新安排过组织过使欣赏者从作品里找出一种全新的思想感情的意思。"见林风眠. 林风眠全集（第四册）[M]. 北京：中国青年出版社，2014：107.
[3] 刘既漂. 美术鉴赏[J]. 开明，1928（4）：160.

育"与"美育"的概念转换。他们赋予了艺术作品独立的生命价值，即一种沟通心灵之真善美的价值或者启迪人追求真善美的价值。他们认为艺术作品以其物质载体承载了真善美的精神与思想，真善美在艺术作品中不是说教，而是一种直接呈现。艺术作品的此种特质使得欣赏者可以直接从中把握真善美，而无须进行逻辑推理。逻辑推理无法使得真善的思想充满美的意味，也无法将之完全内化于心。正因为艺术之真善美是可以被欣赏者直接把握的，所以霍普斯会成员认为艺术教育或艺术修养的提升不必须通过艺术学校的教育来完成，也可以通过社会艺术教育的方式（如普及艺术知识、举办艺术展览等）来实现。林文铮说："所谓的艺术修养并非要人人都进艺术学校，而且事实上也无须那样多人学艺术！青年的艺术修养即是锻炼心灵使与宇宙万物时时发生深刻的同情和美感。修养之法，即是多多接近自然，细心认识自然之美，多多接近艺术，鉴赏人类心灵所创造的至美！我们不要忘记：大同之路必经艺术之门！"[1] 他认为艺术欣赏者可以通过艺术的鉴赏活动来提升自我修养。艺术创作者可通过与艺术接受者心灵沟通的方式完成其社会启蒙的使命。

霍普斯会成员的艺术理论是以艺术的方式进行社会启蒙的理想之体现。他们认为，艺术是心灵启蒙的关键环节，是沟通外界与心灵或心灵与心灵的一种精神力量。只有通过艺术启蒙，个体性灵才能充分觉醒，个人人格才会更加完善，这最终体现为个人自我修养的提升，而国民修养的提升是建构大同社会的必经之路。可以说，霍普斯会成员的本体论、功能论、创作论、接受论将艺术法则与社会问题联结起来，使得一种看似只关乎艺术本身的理论与大同社会、"道德国家"[2] 的建设方案紧密衔接起来。

**作者简介：**

高紫潇，中国传媒大学艺术研究院博士研究生。研究方向：艺术传播学。

---

[1] 林文铮. 何谓艺术[M]. 上海：光华书局，1931：241.
[2] 席勒. 审美教育书简[M]. 张玉能，译. 北京：译林出版社，2009：5.

# 传播媒介视野下电子游戏在公众考古学中的应用

邓佳媛

**摘　要**：公众考古是因考古学需要大众化而衍生出的新研究领域。出于考古学传播的需要，大众传媒不可或缺。过去的公众考古媒介研究通常集中在新闻报道、出版物、电视电影等传统媒介，以及社交网络平台等网络媒介。同样作为新兴网络媒介的电子游戏虽在2000年后蓬勃发展，却因长期的不学术、不严肃形象，没有得到足够的研究关注。国内对电子游戏与考古学的融合研究非常稀少。实际上，考古学可以作为游戏情节、游戏背景以及游戏机制被多维运用于游戏中。电子游戏作为媒介，具有情感交流、身份构建、心理满足等多重属性，可以实现考古学公众化传播机制的构建。考古学自身的特性使许多游戏设计制作方放弃考古学的叙事方式，而转向大众传播话语，这导致电子游戏虽推广了考古学，但仍然存在混淆考古学概念、加深考古学刻板印象等各种问题。因此，期望未来的考古学相关游戏能在保证娱乐性的同时修正基础考古学错误，在游戏中树立正确的考古伦理观；推出更多由专家参与设计制作的考古学严肃游戏，与商业游戏互补，更好地推广公众考古。

**关键词**：公众考古；游戏研究；媒介研究

## 一、研究背景

### （一）公众考古学概念阐释

公众考古学（public archaeology），也被译为公共考古学，是考古学的一个新领域。从20世纪60年代以来，考古学与社会和公众的关系逐渐成为西方考古学研究的一个重要方面，公众意识成为考古和文化遗产保护领域的重要概念。考古学家日渐增强社会责任感，考古学与公众关系、考古学与新闻媒体的研究逐渐引起西方考古学界的重视。查尔斯·R.麦克基米西（Charles R.McGimsy）于1972年首次提出"公众考古"的概念，认为考古学家除了保护和管理遗迹，还需要向公众阐释和宣传考古学。[1] 由此，考古与公众概念结合，公众考古也成为考古学新的研究领域。2000年初，国内开始出现公众考古相关的研究，其对公众考古的概念进行了阐释。公众考古体现了考古学的大众化，主体为考古学利益相关者（public stakeholder），基本方法为交流（communication）和解释（interpretation）。[2] 考古资源被视为一种公共资源，最为直接的考古学利益相关者即为公众。简而言之，公众考古可以被理解为所有公众与考古相关的活动，公众参与考古实践、考古活动的新闻宣传、公众考古教育等都可归属于公众考古学范畴。

### （二）作为大众传媒的游戏

出于向公众推广宣传考古的目的，大众传播媒介与公众考古息息相关。媒介帮助我们理解或构成现实的任何物质和过程。[3] 在过去，人们对于媒介的印象通常局限在电视节目、电影、出版物等领域，电子游戏作为新型传播媒介的作用很少被关注。实际上，电子游戏具有游戏和传播媒介双重属性，是一种重要的大众媒介。荷兰文化历史学家赫伊津哈认为，游戏比文化更古老，人类的游戏促进了文化的创造、意义的形成，以及知识的学习和传播。[4] 游戏作为一种流行艺术，是对任何一种文化的主要趋势和运行机制的集体和社会反应。当我们将游戏视作社会中的交流媒介使用时，我们会发现，就像任何信息媒介一样，游戏是个人或群体的延伸。游戏是社交自我的延伸。游戏既是媒介，也是大众传媒。[5]

### （三）考古游戏的发展与相关研究

从2001年开始，全球游戏产业的总产值就已超过电影业。根据美国娱乐软件协会（The Entertainment Software Association，下文简称为ESA）[6]2020年的报告，目前，全球大约有27亿游戏玩家。到2020年，美国大约有4600万游戏玩家，平均年龄为35~44岁。70%的美国青少年和64%的成年人在玩游戏。男性占59%，女性占41%。据估计，2021年全球游戏市场将产生超过1800亿美元的收入，是电影产业收入的4倍，几乎是音乐产业总收入的8倍。可以说，电子游戏已成为一种不分性别的、在各个年龄

---

[1] G MOSHENSKA. Key concepts in public archaeology[M].London：UCL Press，2017.
[2] 郭立新，魏敏. 初论公众考古学[J]. 东南文化，2006（4）：54-60.
[3] D CHANDLER，R MUNDAY. A dictionary of media and communication[M].Oxford：OUP Oxford，2011.
[4] J HUIZINGA. Homo ludens：proeve eener bepaling van het spel-element der cultuur[M].Amsterdam：Amsterdam University Press，2008.
[5] M MCLUHAN. Understanding media：the extensions of man[M].London：Routledge，1997.
[6] Entertainment software association[R]. 2020 ESSENTIAL FACTS About the Video Game Industry，2020.

段中影响力都不断增长的大众传播媒介。但是学界仍然对电子游戏有轻浮、不严肃、不学术的刻板印象,对游戏的研究没有给予足够的重视。直到2000年之后,才有将考古学、媒介研究和文化研究融合的关于考古相关电子游戏的跨学科研究。[1]

2013年,安德鲁·莱因哈德(Andrew Reinhard)创造了"archaeogaming"(暂译为考古游戏)这一名词,提出了电子游戏《魔兽世界》(World of Warcraft)的游戏世界可以作为一个被考古学家分析的空间。2018年,他出版的著作 Archaeogaming: an Introduction to Archaeology in and of Video Games[2](《考古游戏:在电子游戏中的考古学导论》),迅速成为考古游戏研究领域的标杆。在书中,考古游戏被定义为"一个包含了电子游戏的考古学研究,以及用于考古学目的的电子游戏的考古学的框架"[3]。他也认为在给定的合成世界中,游戏中的探索行为其实也是一种景观考古学。

国内对考古与电子游戏结合的研究尚处起步阶段,相关研究数量非常少。笔者以"考古,游戏"作为关键词在中国知网上搜索,论文主要集中在考古发掘出的与游戏相关的文物上,以及将"考古"作为一种"探寻溯源",研究具体游戏的起源发展上。对考古相关的著名游戏《古墓丽影》(Tomb Raider)和《夺宝奇兵》(Indiana Jones)进行搜索,笔者并没有检索到有关这些电子游戏的研究,仅有的是电影《古墓丽影》和《夺宝奇兵》的文艺学研究。以"考古,电子游戏"作为关键词在中国知网上进行搜索,笔者发现仅有五篇文章,其中一篇为对电影以及游戏的考古研究,与公众考古学无关,其他文章多集中于2020、2021年。发表最早的文章为郭云菁《公众考古传播研究》[4],其探讨了商业考古图书及门户网站、搜索引擎、Web2.0网站和电子游戏四类网络媒介在公众考古中的应用,以及遇到的传播问题。该文章将电子游戏归类为一种重要的考古学网络传播媒介,提及了游戏对公众心中考古学家印象的影响,介绍了《古墓丽影》、《遗迹考古队》(Buried In Time)、《魔兽世界》三款与考古学相关的电子游戏,以及其传播影响。王潇雨的《历史文化知识传播场景中功能游戏对用户情绪唤醒与认知绩效的影响研究》[5]介绍了功能游戏这一新兴媒介。功能游戏的主要目的不为娱乐,它们是在教育、

---

[1] C ROLLINGER. Classical antiquity in video games: playing with the ancient world[M].London: Bloomsbury, 2020.

[2] A REINHARD. Archaeogaming: an introduction to archaeology in and of video games[M].New York: Berghahn Books, 2018.

[3] T RASSALLE. Archaeogaming: when archaeology and video games come together[J]. Near Eastern Archaeology, 2021, 84(1): 4-11.

[4] 郭云菁. 公众考古传播研究[D]. 上海:复旦大学,2012.

[5] 王潇雨. 历史文化知识传播场景中功能游戏对用户情绪唤醒与认知绩效的影响研究[D]. 杭州:浙江大学,2019.

技能培训和医疗健康等方面有着明确用途的游戏,也常被作为历史文化知识的传播工具。该研究设计了一款以传播海上丝绸之路知识为目的,具有考古寻物功能的游戏,并通过实验验证了与考古相关的功能游戏对受众情绪以及认知绩效的提高有显著的积极意义。王郅《电子游戏〈史前埃及〉对考古资源的活化利用》①介绍了回合制历史策略类电子游戏《史前埃及》(*Predynastic Egypt*)如何通过转述与交互传播古埃及文物知识。

## 二、考古学在电子游戏中的多维应用

考古学在电子游戏的各个环节都被吸纳和应用,会作为游戏的情节、背景和机制出现在主流游戏和非主流的教育游戏中。在《古墓丽影》和《夺宝奇兵》这样的主流游戏大作中,考古学被用作背景和情节。在《魔兽世界》与《炉石传说》(*Hearthstone*)等其他主流游戏里,考古学被用作游戏机制的一部分。在相对少见的教育游戏《挖它》(*Dig it!*)游戏系列和《荒野潜伏者》(*Hunting Ancestor*)中,考古学工作流程作为游戏机制而出现。此外,考古学知识也作为元素被应用于游戏中,但游戏不以考古学为主要内容和卖点,例如《我的世界》(*Minecraft*)、《第二人生》(*Second Life*)等游戏。

### (一)考古学背景与情节在电子游戏中的代入和嵌入

电影《夺宝奇兵》的主人公印第安纳·琼斯(Indiana Jones)是流行文化中最受欢迎的考古学家之一,同名电子游戏《夺宝奇兵》系列于1982年发行,是最早的冒险游戏之一。玩家主要通过猜谜题和走迷宫形式玩游戏,需要发现游戏中的各种物品和工具,以便找到并挖出已丢失的文物。但是,很难用正常的考古挖掘来描述游戏中的考古过程。游戏中的文物获取过程,比起考古更像是一种"抢劫"。玩家携带手榴弹等武器进入墓穴,甚至会在墓穴中使用这些武器,破坏环境,这是典型的"伪考古学"叙述。《夺宝奇兵》系列情节引人入胜,游戏机制复杂,具有很高的娱乐价值,因此很受欢迎。但是游戏中的考古学家更像是寻宝者。可以说,《夺宝奇兵》系列作品在流行文化中塑造了考古学家的刻板形象,并模糊了考古的文化内涵和严肃语境。

在考古相关游戏中,《古墓丽影》游戏系列仅次于《夺宝奇兵》系列。游戏的主要角色劳拉(Lara Croft)是流行文化中女性考古学家和冒险家的代表。游戏的叙事结构与《夺宝奇兵》系列游戏的叙事结构相似。游戏的主要情节为劳拉试图寻找失落的文

---

① 王郅.电子游戏《史前埃及》对考古资源的活化利用[J].大众考古,2021(9):36-39.

物，但这个过程危机重重，她会面临诸多挑战，遇到许多危险的人或事物。虽然，印第安纳·琼斯未像考古学家一样随身携带专业考古工具，但他至少表现得像个考古学家。而《古墓丽影》游戏中设定的劳拉携带了许多枪支和炸药，更多的是以一种不符合考古伦理的手段获取文物。印第安纳·琼斯博士的目标是收集这些文物，并将它们放置到博物馆中用于研究。而劳拉的行为动机和唯一目的在于亲手获得这些文物。尽管如此，《古墓丽影》系列仍列于最畅销系列游戏的榜首，它突破性的3D冒险游戏编程和设计，让其拥有了广泛的影响力。①

### （二）考古学作为探索游戏环境的机制和方法

与上文提到的考古学是游戏的叙事背景和主要情节的游戏不同，《魔兽世界》等游戏是将考古学作为探索游戏环境的游戏机制和方法。《魔兽世界》是一款大型多人在线角色扮演游戏，允许玩家从许多神奇的种族和职业中选择身份。考古学家被列为游戏中的第二职业。游戏中，玩家将考古学作为一项专业来学习，随后可以通过这项技能找到宠物、坐骑、稀有武器的残片。每个大陆上都有四个挖掘地点，玩家可以使用调查技能寻找三遍物品。一旦找到碎片，玩家便可以开始一个研究项目，等玩家收集到了所有的残片就可以制造神器或者遗物（artifact）。

### （三）考古教育在电子游戏中的设计和推进

上述提到的大多数与考古有关的游戏均非由专业考古学家制作，因此这些电子游戏中充满了对考古学的成见和常识错误。而《挖它》游戏系列是目前少见的由考古学家团队开发的专业游戏。游戏制作人威尔辛斯基（Wilczynski）是一位在希腊和以色列有将近十年工作经验的考古学家，也是一名社会研究老师，他自学了如何设计游戏，以此来帮助学生学习历史和考古知识。

由于《挖它》系列游戏的核心开发团队是考古学家，因此该游戏与其他主流考古相关游戏关注点不同。主流游戏中的考古学家是冒险家和寻宝者，为了获得一些珍贵的文物，游戏中的考古学家有时甚至会毁坏其他文物，这绝非正常的考古学家价值观。但是在《挖它》系列游戏中，可以看到打击文物劫掠者、文物返还等一系列正确的考古伦理

---

① M MCWHERTOR, M.Tomb raider lifetime sales show off Lara Croft's biggest hits [EB/OL].（2009-03-12）[2023-09-16].https://kotaku.com/tomb-raider-lifetime-sales-show-off-lara-crofts-biggest-5224724.

观下产生的情节。①

## 三、电子游戏成为公众考古传播媒介的实现机制

### （一）考古相关电子游戏中媒介用户获得情感交互与身份建构

作为大众传媒，游戏具有丰富的社会功能。拉斯韦尔（Lasswell）②指出，游戏具有监督环境、协调社会、适应环境、作为社会遗产代代相传的功能。除此之外，游戏还具有娱乐功能和情感交流功能。

传统文学、电视节目、电影和其他艺术形式的主要功能是在艺术中实现审美上的心理共鸣，并无交互功能。在数字时代，数字电影、电视节目和音乐具有一定的交互功能，但是这种交互功能是用户对节目内容播放顺序的任意选择，不能像游戏一样由用户直接影响或改变基本内容。而电子游戏与其他形式的媒介相比，它是典型的情感交流媒介，可以进行动态、多样和复杂的情感交流。电子游戏是具有新元素和叙述方式的互动形式，玩家可以直接影响自身在电子游戏中的表现。此外，电子游戏还可以突破时间、空间和精神的局限，传播情感。与传统媒介相比，电子游戏可以在媒介用户之间实现更大程度的情感交流。③

目前，关于考古的大众传播内容主要集中在考古发掘报告中，公众参与度较低，应在聚焦公众体验的基础上，通过多种具有交流互动性的融合媒介促进公众参与。电子游戏作为新型大众传媒，有丰富的信息传递性和互动性，可以充当中介，向公众介绍考古内容，传播考古知识，宣传科学的考古观，并在玩家与游戏（开发者）、玩家与玩家之间进行考古信息交流互动，从而方便公众通过多样化渠道了解更多的考古过程和方法。

游戏过程中，玩家的情感交流包括自我表达和身份建构。因此，当玩家在玩考古相关的游戏时，会在心理上与考古学家的身份联系在一起。在学习了游戏中的一些基本考古知识之后，会对考古学产生一定的兴趣，甚至热衷于考古学。公众在考古相关电子游戏中获得情感交流与身份建构，电子游戏作为公众考古学传播媒介的功能和作用也就能够实现。

---

① K MEYERS EMERY, A REINHARD. Trading shovels for controllers: a brief exploration of the portrayal of archaeology in Video Games[J].Public Archaeology, 2015, 14（2）: 137-149.
② H D LASSWELL. The structure and function of communication in society[J]. The communication of ideas, 1948, 37（1）: 136-139.
③ 刘研.电子游戏的情感传播研究[D].杭州：浙江大学，2014.

## （二）考古相关电子游戏中媒介用户建构角色形象并获心理满足

根据游戏符号理论，游戏可以分为四个符号：物理和面向对象世界、角色、风格和叙事。角色是指电子游戏世界中"活着"的虚拟角色，包括由计算机程序预设的非玩家控制的虚拟角色（non-player-controlled characters）和玩家控制的虚拟角色（Avatar）。风格包括游戏图形和声音效果等。游戏的风格可以增强游戏的娱乐性。叙事帮助了游戏故事的讲述。所有游戏都包括叙事，即使是俄罗斯方块这样看似简单的游戏也不例外。①

而公众对考古学的印象可以帮助游戏制作方建立角色、风格和叙事。基于流行文化的影响，公众对考古学家具有"博学多才、与引人好奇的神秘事件有密切联系"的刻板印象。因此，考古学家可以成为独特且有吸引力的角色形象，这就是为什么考古学家经常在游戏中以非玩家角色以及玩家控制角色出现。劳拉、印第安纳·琼斯是玩家控制角色。《魔兽世界》中探险者协会的考古学家是非玩家控制虚拟角色。同时，鉴于考古学家会经常出现在异国他乡，这些地点具有"神秘国度和失落文明的遗迹"的印象特点，游戏制作方可以很容易地将游戏的视听场景设计得不同寻常且引人入胜。此外，考古学家的身份可以使剧情合理化，让游戏角色可以自然出现在那些失落的城市和古老的神庙中，从而方便游戏叙述的进行。

此外，根据游戏玩家的特征，可以概括出四种玩家心理：探索游戏、获得成就感、与其他玩家交往，以及强迫他人。因而可将玩家归类为探索者、成就者、社交者、杀手四种类型。② 探索者类型玩家将尝试寻找他们在虚拟世界中可以找到的所有内容。成就者类型玩家会为自己先设定目标，并努力完成目标。这通常与获得并积累大量高价值的物品或获得宝藏相关。正如莱因哈德（Reinhard）③所认为的，给定合成考古游戏世界中的探索行为是一种景观考古学，考古类电子游戏的场景设计、考古挖掘可以用来探索和取得成就。由此可以看出，游戏中的考古行为起码可以满足探索者、成就者两种类型游戏玩家的心理。

公众在考古相关电子游戏中建构了各种角色形象，并能在探索心理和成就心理等方面获得一定的满足，电子游戏作为公众考古学传播媒介的作用显而易见。

---

① J MURRAY. From game-story to cyberdrama[J]. The Electronic book review, 2004, 1: 2-11.
② R BARTLE. Hearts, clubs, diamonds, spades: players who suit MUDs[J]. Journal of MUD research, 1996, 1(1): 19.
③ A REINHARD. Archaeogaming: an introduction to archaeology in and of video games[M]. New York: Berghahn Books, 2018.

## 四、电子游戏在公众考古学媒介推广中的不足之处

如上文论述,电子游戏可以作为传播媒介实现对考古的推广,但由于考古学科的专业性,传播媒介会处于尴尬的境地。媒介需要将考古学的专业术语转换为向大众传播的语言,这就要求传播语言应适合更多的受众,并且交流形式要更加生动活泼。不同于新闻报道和电视节目,商业游戏尤其关注受众的兴趣和需求。80%的玩家表示电子游戏能够给他们提供精神刺激,79%的玩家希望通过游戏放松。大部分公众玩游戏时都从娱乐出发,没有接受教育的想法。能够吸引玩家的游戏必须具有有趣的机制,仅有考古学知识是不够的。因此,游戏厂商在设计游戏过程中会主动提取公众感兴趣的考古元素,从娱乐的角度迎合公众心中对考古学界的认知,舍弃严肃的、学术的考古学部分,由此给游戏玩家带来了很多的误导,致使公众混淆考古学含义,形成对考古学以及考古学家的错误认知,甚至加深刻板印象。

### (一)对考古学含义的混淆

游戏《文明六》(*Civilization VI*)是由冷杉游戏(Firaxis Games)开发的回合制策略电子游戏。在这个游戏中,玩家会经历从石器时代到信息时代的过程,建立并领导自己的文明。在建立伟大文明的过程中,玩家必须发动战争,进行外交,弘扬文化,并与历史上许多其他著名领导人进行对抗。在游戏中学习"人文主义"后,玩家可以解锁两种文化建筑:美术馆和考古博物馆。建立了考古博物馆的城市可以培训考古学家挖掘文物。游戏中考古博物馆的图标是恐龙化石的头部,而考古学研究的是人类活动的物质残留,古生物学才是挖掘化石。由此可以看出,即使在著名的基于历史的游戏《文明六》中,也存在使用恐龙化石来指代考古学的错误,混淆了古生物学和考古学的概念。

### (二)加深对考古学的刻板印象

霍尔托夫(Holtorf)[①]总结了公众对考古学的认知。公众认为考古学是关于在地下发掘宝藏的学科;考古野外工作是指在异国他乡的艰苦条件中发现文物;考古学家是发现过去的侦探而非学者。对于公众来说,考古的魅力在于体验考古实践和想象过去。而当前的与考古相关的主流游戏,不仅没有纠正反而加深了公众对考古学的上述片面认知和

---

① C HOLTORF. From Stonehenge to Las Vegas: archaeology as popular culture[M]. London: Rowman Altamira, 2005.

刻板印象。在主流商业游戏中，考古学家的形象仍然是僵化的，仿佛还停留在20世纪，且带有殖民主义色彩。游戏中的大多数考古学家都穿着卡其布的套装，戴着浅顶软呢帽，还有一些戴着单片眼镜。这些考古学家经常去异国他乡寻找失落的文明，他们所去的异国仍然原始、未开化，与西方的现代世界形成鲜明对比。作为游戏角色的考古学家只关注历史、艺术和宗教价值高的文物，即通常意义上被称作"宝藏"的文物。他们在获取宝藏时甚至可能破坏环境或其他文物。这与现代科学考古学截然不同，是一种带有殖民主义和帝国主义色彩的考古学。这样的行为将公众对考古学的印象局限在了探索和寻宝上，美化了对遗址的破坏行为，混淆了考古和盗墓的概念。

在《乐高印第安纳·琼斯》(LEGO Indiana Jones)系列中，玩家可以在《印第安纳·琼斯》(Indiana Jones)等电影系列中扮演角色。如同电影中一样，玩家扮演的角色更像是一个冒险家，而不是考古学家。相较于考古学工具，角色会更多地使用鞭子和手枪。同样，在2D游戏巴木(baal)中，身份为考古学家的游戏角色穿着冒险家的服饰，戴着头盔，携带枪支。如果不是游戏的简介中有"考古学家阻止邪恶的反派获得散布在世界各地的艺术品"的相关内容介绍，大众很难从表面上辨识出游戏角色的身份为考古学家。[1]

## 五、电子考古游戏的未来发展和媒介作用发挥

作为大众媒介，电子游戏不仅具有广泛的受众，而且具有独特的交互性。电子游戏可以进行情感交流，也可以帮助玩家确立身份并表达自己。游戏中的考古学内容可以使更多的人了解考古学并对考古学感兴趣。千禧一代的考古学学生就是在《古墓丽影》和《夺宝奇兵》这样的流行文化中长大的。这些游戏可能是他们与考古学的第一次接触，因而他们产生了兴趣，开始研究考古学。为了促进考古学发展，未来的电子游戏应进行相应的发展变革。

### （一）主流商业游戏中考古文化的正确认知和展现

现在大多数游戏中的考古学设计与流行文化语境中的考古概念相同，存在诸多刻板印象和片面甚至错误的认知。如游戏中的考古学家大多是一位冒险家，在失落的文明中寻找珍贵的文物。游戏中展示的具体考古操作仅仅就是挖掘地面，甚至利用暴力获取文

---

[1] A REINHARD. Archaeogaming: an introduction to archaeology in and of video games[M]. New York: Berghahn Books, 2018.

物。未来主流商业游戏应对考古文化进行全面认知和正确展现，减少错误和误导。

对于主流商业游戏，可以在不牺牲其娱乐性和主题的前提下，进行一些内容修正。例如，应纠正《文明六》中使用恐龙化石来指代考古的错误。此外，对于《古墓丽影》《夺宝奇兵》这样的以考古学作为背景，但本质上是冒险题材的游戏，获取文物的方法可以更改为正确的考古发掘方法，而无须改变游戏机制。这样可以让游戏玩家了解文物不是通过暴力获得的，所有的文物都有价值，不仅需要通过挖掘获得文物，更需善待保存珍宝。如此，才能在不牺牲游戏的娱乐性的同时，促进公众考古学的发展。

未来，考古类电子游戏制作方在确立主题、设计游戏环节时，应在考虑其娱乐趣味性、市场吸引力等市场商业价值的同时，建立准确的考古伦理观念，这样才能推动正确、科学的考古知识的普及推广，使电子游戏与公众考古学更好地融合性发展。

### （二）更多推出具有考古教育目的的严肃游戏

除了开发更多的考古类电子商业游戏之外，具有教育目的的严肃游戏也应当更多地被开发制作出来。传统的书本教育方式在知识体系的完整性、丰富性等方面有很多的优势，但其缺失所学内容的生动语境，影响了学生对书本内容的学习兴趣和积极参与性；而电子游戏恰好可以创造语境，帮助学生融入并更好地了解知识。因此，充分利用电子游戏的优势来促进教育的改革和发展已成为电子游戏研究者逐渐关注的话题，其后的相关理论被称为严肃游戏。严肃游戏已被制作并应用于教育领域。[1]

当前已有一些具有考古教育目的的严肃游戏被推出，如《挖它》，这是由考古学家开发的游戏系列，是一个针对儿童的考古发掘模拟器。游戏建构了一座罗马城市，主旨在于教育儿童学习了解因火山爆发而毁坏的小镇中的艺术、历史和考古学的知识，同时整合了拼图以帮助学生进行批判性思考。游戏还将古代场景和考古主题作为学习数学、科学和语言艺术的背景。这款益智游戏通过模拟考古环境，帮助玩家了解和学习娱乐以外的考古技能。

由考古学专家参与制作的、旨在传播考古文化和历史知识的严肃游戏，虽然在短时期内无法获得像主流游戏那样的商业成功和传播广度，但它也是公众考古传播媒介中不可或缺的一环，可与商业游戏实现有益互补。

---

[1] J P GEE. What video games have to teach us about learning and literacy[J]. Computers in entertainment, 2003, 1(1): 20.

## 六、结语

公众考古作为考古学的新领域,是对考古与公众关系的研究。在年轻人中广为流行的电子游戏是一个能向公众推广考古学知识的新兴传播媒介。电子游戏因其能够进行情感交互、身份构建的特性,可以作为考古学的传播媒介。考古学可以很好地与电子游戏结合,成为游戏的情节、机制、背景。目前,电子游戏在公众考古的推广过程中尚存不足之处,有些游戏甚至混淆了考古学概念,加深了公众对考古学的刻板印象,这与公众考古学推广传播考古学文化的目的背道而驰。期望未来的考古学相关电子游戏能在保证娱乐性的同时,修正基础性考古学错误,在游戏中树立正确的考古伦理观;同时能够推出更多的由专家参与设计制作的考古学严肃游戏,与商业游戏互补,从而更好地进行公众考古教育与推广。

**作者简介:**

邓佳媛,伦敦大学学院考古学院文化遗产研究硕士,东南大学人文学院博士研究生在读。研究方向:文化遗产的保护与传播、文化遗产政策研究、文化遗产的博物馆展示。

# 陆小琴：一代人有一代人的风格

## ——努力实现传统核雕技艺与社会生活相结合

陈天一

陆小琴是江苏省工艺美术大师、光福核雕代表性传承人、中国民间文艺最高奖"山花奖"得主。笔者与陆小琴相识于一次核雕艺术展并为其巧夺天工般的核雕技艺所深深折服。中国传统艺术如何找寻当代价值与意义一直是学界关注的热点，理应给予充分的重视。笔者于 2022 年 8 月 5 日以腾讯会议的方式对陆小琴进行了为期半天的集中采访，后又针对相关问题与其多次连线，并将采访内容整理成文，以期为传统技艺传承提供参考。

## 一、十二载　一回眸

**陈天一（以下简称"陈"）**：陆老师，您好！非常感谢您接受我的访谈，现如今您在核雕技法上已经达到了炉火纯青的地步，作品荣获过中国文联山花奖、江苏省迎春花奖、苏州"五个一工程"奖等诸多奖项，您在 2021 年还荣获了江苏省"三八红旗手"称号，在弘扬中华优秀传统文化以及带动核雕行业发展方面您都做出了贡献。首先，想请您谈谈您是如何与核雕结缘并走进橄榄核雕这一领域的？

**陆小琴（以下简称"陆"）**：我与传统手工艺的结缘开始于原生家庭的熏陶。我的母亲是一位绣娘，在母亲的熏陶下我自幼便喜欢上了手工艺，小时候我就喜欢在本子上画画，但当时父母并没有特别的关注。进入学校之后，我对美术课非常用心。高中毕业后，父母没有早早地催促我谈婚论嫁，而是支持我想要学习一门手艺的想法，于是我就选择了当时很热门的红木家具雕刻。但是红木家具雕刻并不适合女孩子，因为这是一种体力活，不是女孩儿能承受得了的，但既然选择了我也没有打退堂鼓，幸运的是父母很开明并没有阻拦我。这期间的各种艰难可想而知，但我在木雕行业一做就是 12 年，也打下了坚实的雕刻功底。

2005年,我看到一篇有关橄榄核雕的宣传文章,当时就被这种在微型空间中进行雕刻的技艺震撼到。那个时候我正受困于木雕家具创作,因为木雕家具创作需要很多工种进行配合,我不能把我个人的创意全部展现出来,所以就萌生了转到橄榄核雕领域的想法。因为我有着12年的木雕基础,所以仅跟橄榄核雕师傅学习了半个月,就掌握了核雕基础方法,运用"五刀定位法",就能顺利雕刻出一个罗汉头。接下来,我就开始尝试着把木雕的题材、技法嫁接到核雕之上,如把浮雕、镂空雕融入核雕。我先在核雕上画上底稿,再进行雕刻,这样作品的结构比较完整,比例准确,线条也更加流畅。我的设计让核雕的题材一下就变得丰富多彩起来,因为我创作的作品更有新意,所以很快便脱颖而出。

橄榄核雕虽然很小,但方寸之间能够容纳天地乾坤、飞禽走兽,可以展现诸多题材,因而核雕便成为我一生想要追求的手工艺事业。天底下没有白走的路,12年的木雕经历为我转做核雕打下了扎实的基础。我很幸运遇到了核雕。

## 二、博众长 塑风格

**陈:**请您谈谈转做核雕之后的经历。

**陆:**转入核雕行业之后,我有如鱼得水之感。当自己完成一件好作品时,心中的快乐油然而生。2006年之后,我思考着如何能够突破前人,因为一味地去模仿,终究无法超越。正所谓"学我者生,似我者死"。当时有一个橄榄核雕的集散地,在那里我结识了很多橄榄核玩家。有些玩家具有深厚的艺术评论功底,有的玩家甚至是美术学院的教授,与他们聊天能让我发现自己的不足之处。在与他们的互动中,我不断地吸取他们的经验和建议,毕竟我在艺术理论方面还是较为欠缺的,只要说得有道理我就改正,很快我便在核雕设计方面有了不小的提升。随着与理论界互动的增多,我越发觉得应该走出一条自己的路,确立自己的核雕艺术风格。2008年前后,我的作品逐渐得到了大家的认可,核雕界的同仁找到我,建议我加入民间文艺家协会。之后的创作就有了方向,我不再像以前那样只知道拼命地干活,而是一边思考一边创作。

**陈:**陆老师,听闻您荣获中国文联山花奖的经历有些波折,可否讲一讲?

**陆:**我加入民间文艺家协会之后,在2012年被评为橄榄核雕传承人,山花奖很自然地就成为我努力的方向。我前前后后共参加了三次,分别在河南开封、山东烟台,最后在吉林长春拿下了这个奖项。虽然前两次都没有入围,但这个过程不是毫无用处,而是一个不断积累经验的过程。前两次参赛回来后，我都去学习获奖作品，渐渐地我意识到橄榄核虽然只有方寸之地，但仍然要通过这小小的天地反映时代，反映文化生活。橄榄核雕刻属于微型雕刻，需要凑近了才能清楚地看到雕刻内容，不像其他的技艺，比如剪纸，可以创作一个大幅面、震撼力强的作品，因而我常常思考橄榄核雕如何能在精细雕刻的同时增强作品的震撼力，我想到的一个办法就是扩大核雕作品的展示空间。所以，作品《二十四孝》诞生了。我用了将近三年的时间进行构思和创作。这个作品由24枚橄榄核雕组成，运用金丝楠木为底座，极大地拓展了作品的展示空间，革新了核雕的展陈方式。作品展现了中华优秀传统美德，作品不仅通过传统技艺表现现实生活，而且能够让观赏者有所启发。凭借作品《二十四孝》，我获得了山花奖。

加入民间文艺家协会，获得苏州市的、国家的民间艺术奖，这些都是对我的核雕技艺的认可，让我对从事核雕行业更加坚定，也更有信心。同时，我的身上也多了一份责任，在强烈热爱的驱使下我更加有动力去传承传统核雕技艺，希望能够回馈社会，做出贡献。

## 三、创新难　传承艰

**陈：** 陆老师，近年来国家高度重视中华优秀传统文化的传承与发展，明确提出了要坚持优秀传统文化创造性转化、创新性发展。传统文化迎来了前所未有的发展时机，您的获奖作品有很多，如《太湖霞光》《敦煌飞天》《童年》等，请您分享一下您是如何做到不断推陈出新的？

**陆：** 习近平总书记一直在谈创新，如果我们只是在口头上讲创新，把它当作口号，自然是不行的，必须落到实处，对我来说就是落实到创作上，落实到一件件作品上。但是核雕创新太难了。你刚才说我的作品有很多，其实是我希望自己在每个阶段都有新的作品可以呈现。随着自身的阅历不断增加，对社会对生活就会有不同的感悟，我的内心也会在不经意间被触动。近几年，我的作品有一个类目，我称其为"光影核雕"，就是将光源引到核雕作品之中，通过光营造出光影交错的氛围，提升作品的美感，这在核雕界是一个重大突破，《太湖霞光》就是代表性作品。这个作品源自我一次太湖采风经历，湖面上出现的晚霞，美不胜收。我们的审美感受大多是转瞬即逝的，回来后我便思考能否将太湖上的所见所感通过核雕表现出来。而如何将霞光映照的氛围表现出来是我一直思索的问题，也是核雕创新的突破口。把作品名称定为"霞光"是考虑到每个人的审美感受的特殊性，希望每个观赏者都能基于自己的生活体验对作品产生共鸣，不只是拘泥于晚霞，而是希望给人们的多角度阐释提供更多可能。一直以来，橄榄核雕都是在橄榄核的表面进行雕刻，而我想到橄榄核是空心的，如果要体现太湖泛舟的情景，就要考虑到是否可以把橄榄核破开，将橄榄核的内部与外部结合进行雕刻。我再尝试着将橄榄核进行打磨，直到薄如蝉翼的程度，这样引入光源，就做到"不漏却透"的光影效果。这在核雕领域是一次技法上的创新，技法创新的同时带来了创作上的创新，凭借此作品我申请到了外观专利。

图1　陆小琴核雕艺术作品《二十四孝》

图2　陆小琴核雕艺术作品《太湖霞光》

之后我又创作了作品《光影春秋》，这个作品获得了2020年度江苏省第五期"333工程"培养资金资助，这在民间艺术领域还是首次。现在提倡将传统艺术与当下的社会生活相结合，用传统艺术去表现时代进步。我经过了很久的设计思考，最终把表现主题确定为"桥"，用桥来阐释我们这个时代，以南京长江大桥、浦东大桥、港珠澳大桥来表现中华民族走向富强的三个关键时期，即从"站起来""富起来"到"强起来"的伟大历史进程。作为一个传承人,我应该用核雕来记录身边那些平凡而又伟大的人和事,希望看到作品的人们能有所触动。

创作有时候是很痛苦的,好的想法不是一朝一夕能够实现的。要了解较全面的知识,还要多看一些哲学、美学类的书籍,有些看似无用的知识会在不经意间展现出"无用之用"。2020年,我在江苏省美术馆举办了"'拟之著微 藏以万千'陆小琴核雕艺术展"。这是中华人民共和国成立以来首个民间核雕艺术展览,共展出了50件作品,是我多年累积的作品中的精品。这次展览让更多的人走进展厅,观看并不熟悉的微型雕刻,这不仅提高了核雕非遗项目的知名度,同时充分展现了核雕的艺术魅力,为弘扬中国优秀传统文化,以及带动核雕行业的发展起到了积极的引领作用。

图3　陆小琴核雕艺术作品《光影春秋》

图4　"'拟之著微 藏以万千'陆小琴核雕艺术展"盛况

**陈**：陆老师，您作为光福核雕非遗传承人，肩负着传承这项技艺的责任，我也了解到非遗传承一般都会遇到些许问题，请您谈谈光福核雕传承面临的困难，以及您将如何面对？

**陆**：首先，最大的困难就是老艺人们都已经年迈，如果老艺人们去世，这项非遗基本上就面临失传。核雕是微雕，这门技艺对眼力的要求非常高，年老的核雕手艺人的眼力和体力渐渐退化，从而无法从事核雕创作。其次，年轻人不愿意坐冷板凳。其实也可以理解，年轻人在社会上首先要谋得生存，生存下来才能有精力去追求理想。如学核雕这门手艺，少则也要花上几年的时间，如果生存都成问题，拿什么去追求艺术理想呢？解决这样一个问题最重要的就是要解决年轻人的后顾之忧，因而希望政府出台一些相应的政策。核雕从业者都属于自由职业者，自由职业者的生活保障相对较弱，如果政府能够帮助解决保障问题，那年轻人就会更有信心投入非遗项目的学习创作过程。我自己有一百多个徒弟，他们来学习，我首先要保证他们的生存问题，培养目标就是出师之后能够自立门户、自主创业，在社会中立足。然而，虽然他们可以立足，但也都是个体经营，并且因为传统手工艺不能像工业生产那样走产业化道路，真正纯手工制作的核雕，成品量不会很大。我也曾考虑扩大规模，但真的做不了，现在也还是每天工作到夜晚十一点或十二点。人的时间都是有限的，我一个人一年下来最多能做出五十多件作品，如果要扩大量的话，方法就是多招收一些徒弟。纯手工的作品与流水线上的工业制品截然不同，每一个手工核雕作品都是有灵魂、有温度、有思想的，饱含着雕刻手艺人的心血，能在现有的基础上传承好已经很不容易了。这一行是很艰苦的，没有满腔的热血，根本坚持不了。

近年来国家大力弘扬中华优秀传统文化，积极推动中华优秀传统文化的当代传承，就是要让传统文化融入当下的社会生活，找寻传统文化的当代价值。我觉得就是要不断挖掘传统技艺下艺术作品的实用价值。如果一件艺术作品只是被放在博物馆里，那么与人们的生活就会距离较远；如果能够让其融入生活，来到大家身边，那么人们对它的理解就会进一步加深。艺术作品不仅要进入博物馆，更重要的是要融入生活，我觉得这就是创造性转化。那应如何开拓呢？比如，可以将艺术作品做成生活中的装饰品，像服饰配件、首饰、摆件等，或者开发核雕印章，把这项技艺融入书画艺术，在与人文相结合的同时提升传统技艺的接受度，突出传统技艺的实用性。

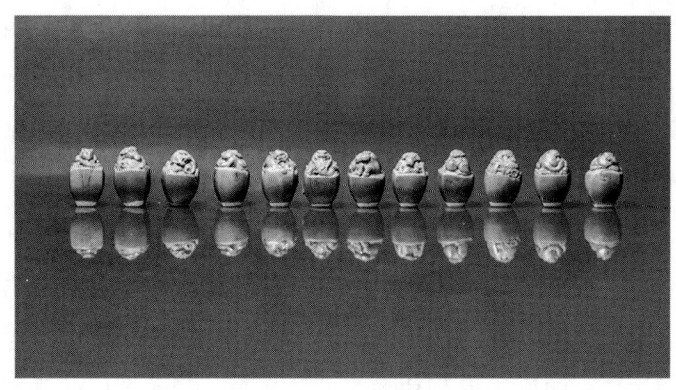

图 5　陆小琴核雕闲章

## 四、广传播　拓路径

**陈**：在"互联网+"时代，传播媒介不断升级，给我们的生活带来了前所未有的改变。您在 2018 年 11 月 19 日注册了抖音账号，2019 年 9 月 13 日进行了首次抖音直播，目前粉丝近两万人。此外您还接受过《国家宝藏》《国潮研究所》等节目的邀约，在吴中中等专业学校开设了"陆小琴大师雕刻班"，担任苏州旅游与财经高等职业学校客座教授，并且持续不断地参与义务宣传、讲座、公益性演出运动，还受邀将光福核雕带到"中法文化论坛"等。请您谈谈多年来的核雕文化传播实践心得。

**陆**：2009 年前后，北京的潘家园、十里河有很多开店的商家，他们经常来舟山拿货，把我的作品带到北京、上海等地，无形当中帮助我进行了作品推介与传播。后来"文玩天下"的版主给了我一个子版块，当时一些喜欢核雕的年轻人都会去"陆小琴核雕"这个版块逛逛。全国各地的商家，加上"文玩天下"版块的宣传，我的作品很快就被众多爱好者知晓。

互联网带来的变化日新月异，互联网也实现了人们交流互动的愿望。借助互联网，人们可以足不出户了解核雕作品的信息。对我来说，网络主要是起到宣传普及的作用，但在销售方面还是比较困难的，因为网络营销做得出色的一般都是拥有营销团队的。虽然我在 2017 年就拥有了自己的核雕艺术馆，但做营销的时间毕竟还是有限的，再分心做抖音、短视频，确实有些力不从心。坦白地讲，有些核雕短视频营销做得好的，往往在技艺上还需要加强，学任何一门手艺都要遵守"一万小时"定律，只有达到足够的时间上的积累，才能在技艺上走向出众。如果不专注于手里的活儿而只是一味地着眼于营销，这对核雕技艺传承是无益的。核雕手艺人为了延长技艺寿命，必须注重保护自己的眼睛，现在到处都是屏幕，确实是一个我不得不去面对的现实问题。我也曾邀请团队协助我做一些抖音运营，但是仅仅是拍摄的过程就相当浪费时间，一个短视频有时要拍上两天，大量的雕刻时间都被占用了，因而这也是另一个现实矛盾，不做宣传不行，但做了又会影响到日常的创作，作为光福核雕传承人，我不能顾此失彼，未来只能是寻找平衡点，稳步向前。

核雕文化偏小众，我希望通过这些媒介平台能够将传统文化传播出去。有些评论讲核雕登不上大雅之堂，作为核雕的传承人，我不这样认为。现如今核雕在民间文艺中拥有一席之地，我的作品也曾作为国礼被赠予外籍政要，我的责任就是在能力范围内让更多的人认识核雕，认识这门艺术。我完全是出于对核雕技艺的热爱，想要尽可能寻找多种方式去传播这门艺术。人们看到的都是我光彩的一面，得奖、办展、获得营收，但背后是全年无休的雕刻工作。我力争每件作品都能实现创造性转化、创新性发展的目标，让核雕技艺在当代社会实现其应有的价值。

现在的学校教育相较于以往更加注重学生全方位的素质提升，培养孩子从小欣赏美，这对于全民美育是有帮助的。就在近日，我的工作室被关心下一代工作委员会选中，挂牌成为青少年校外教育辅导站。我认为无论是小学、中学还是大学，都应该加强学生对中华优秀传统文化的实践与体验，使他们了解我国深厚的优秀传统文化并由衷地生发出自豪感。我在这当中起到了宣传、引导、发掘、传承的作用，希望激发出孩子们对传统文化的兴趣，哪怕现有的课程还不完善，我都觉得这个过程是非常必要的。

2017年，我参加了中日邦交正常化45周年纪念活动、第二届中法文化论坛活动，之后还受邀到美国波兰特州立大学孔子学院、阿西溪中学讲授核雕艺术。经过多次的海外交流活动，我最大的感受就是所到之处大家都对中国传统文化表现出了极大的兴趣，但他们大多所知甚少。因此，我们还应当不断地输出优秀传统文化，让更多的人了解中国，这也是当代非遗传承人义不容辞的责任。

如果用一个词概括我从选择核雕到一路走来的历程，我觉得就是两个字——修行，不断地修行。未来的路还很长，核雕传承之路并不容易，但这是我想要用尽一切精力追求的理想，个中滋味无论酸甜苦辣我都无怨无悔。我也愿意与大众分享核雕艺术的美，希望有更多的人发现核雕，关注核雕。

**作者简介：**

陈天一，中国传媒大学艺术研究院在读博士生。研究方向：艺术史论与艺术传播。

# 生态理念视域下中华传统艺术的当代传承

## ——首届传统文化传承专业委员会学术研讨会综述

李玉琴

**摘　要**：2022年10月29至30日，由中国建筑文化研究会传统文化传承专业委员会主办、辽宁大学广播影视学院承办的"生态理念视域下中华传统艺术的当代传承学术研讨会"在辽宁大学通过线上线下相结合的方式召开。专家学者分别从中华传统艺术当代传承的理念、中华传统艺术当代传承的路径、中华传统艺术当代传承的方法和中华传统艺术当代传承的案例等四个议题方向展开学术讨论。

**关键词**：生态理念；中华传统艺术；研讨会综述

为了深入学习党的二十大精神，响应国家文化发展战略，探究中华传统艺术当代传承的难题。"生态理念视域下中华传统艺术的当代传承学术研讨会"于2022年10月29日在辽宁沈阳举办。来自辽宁大学、北京外国语大学、复旦大学、东南大学、中国传媒大学、中央民族大学、深圳大学、南京林业大学、西北民族大学、东北大学、南京大学、沈阳音乐学院、沈阳师范大学、安徽财经大学、湖北文理学院、比什凯克国立大学、中国范仲淹研究会、河北大学、鲁迅美术学院、西安美术学院、中北大学、山西大学、山西传媒学院、淮阴师范学院、中国艺术研究院和南京博物院等20余所高等院校与研究机构的60余名专家学者参会，围绕议题"生态理念视域下中华传统艺术的当代传承"展开深度探讨与交流。大会吸引了老、中、青三代学人，尤其是众多的青年学者积极参与，说明青年一代学者对中华传统艺术的当代传承问题高度关注，也体现出这个议题的青春气息。

## 一、中华传统艺术当代传承的理念研究

中华传统艺术的当代传承是一个非常复杂的文化生态系统。中国传统艺术有着丰富的且至今仍具有生命力的生态观念，它在漫长的历史岁月里，氤氲在中国人的现实生活中。作为中华艺术精神的积淀与凝聚，中国古代美学乃是华夏民族艺术审美经验和实践创造的结晶。东北大学宋伟教授认为，禅宗美学追求宇宙、人生与艺术的圆融无碍境界，凝聚和积淀为一种独特的审美观照方式，极大地开掘了中华民族审美心理的深层结构，构成了中国古代艺术精神的重要组成部分。从宇宙论哲学的维度看，它企望在静默观照之中体悟宇宙终极存在；从人生论哲学的维度看，它追求在通达无碍之中体验生命自由境界；从艺术论美学的维度看，它诉诸在超意象外顿悟艺术审美意象；其终极关怀和美学旨归是达于宇宙、生命与艺术之圆融无碍的"天地境界"。鲁迅美术学院张伟教授认为，西方人在近代提出的生态概念与中国古代的道家文化有内在关联。道家文化指以老庄"自然无为"的观点去对待宇宙与人生的文化理念。道家文化追求顺应自然，而达到的自由境界，便是生态的境界。中国古代的儒家文化作为维护封建统治的理论形态，体现为理性文化，在我国政治伦理生活中处于主导地位。道家思想和儒家思想好比自然界的阴与阳，道中存儒，儒中有道，两者互动相生，互补相融，共同作用于中国传统文化，经久不衰，绵延不绝。重庆大学雒三桂教授认为，中国传统文化艺术核心概念的"和"，在今天依然具有现实意义，依然应当作为中国各类艺术创作的指导原则。音乐等艺术的"和"自不待言。现今的社会治理、环境设计，乃至工业设计思想，依然可以将"和"作为根本的指导思想。工业设计中的人机交互设计不过是中国古人"和"的思想在现代社会的部分体现而已。

当代生活中人们的生态意识日益增强，生态的观念逐渐渗透到政治、经济、伦理和艺术等领域。山西大学梁晓萍教授认为，文艺与政治的关系是党的事业整体中非常重要的有机组成，尤其是在战争年代。以系统思维审视中国共产党在特定阶段关于中华传统艺术传承的战略之思，不仅需视其为一个动态的生成与延展过程，也需在"整体"与"关系"的观照中明晰"文艺大众化"这一传承战略的全部内涵。毛泽东在《在延安文艺座谈会上的讲话》中系统地剖析了"文艺大众化"的立场、目标与现实功用，以及生活、文艺工作者、作品与接受者等多个元素之间的紧密关系，提出了"民族化"这一有效的实施路径，从而使中华传统艺术得到了有效传承。东南大学卢文超副教授认为，如要获得一幅艺术作品流通中价值转变的全景图，不仅要有时间维度，还要有空间维度的

展示。我国少数民族艺术正从一种日常生活中的仪式转变成为一种剧场上的演出。少数民族艺术的跨域流通，如到电视舞台演出、在当地民间表演等，事实上都是处于一种相对流通的状态。中北大学王建英副教授从伦理学角度论述了西方人在艺术表现中重视人，尤为重视具象的人，在探求生命的本质上，以思维或思辨探求真理。而东方人，尤其是我国古人重视自然，我们更愿意去了解自然中的人是以怎样的方式感知周遭的一切的。我们是在与自然取得一定关联的情况下去探知生命的本质的。如果说西方人重视脑力，那么中国人重视的是心力。中国传统哲学与艺术实践或艺术理论在思维结构上几乎是一致的。因此，老庄道学、禅宗、阳明心学对中国艺术实践和艺术理论影响深远。

## 二、中华传统艺术当代传承的路径研究

艺术是人们现实生活和精神世界的形象表现，是一个民族在长期历史发展过程中形成的。中华传统艺术与当代中国社会的经济建设、政治建设、文化建设及生态文明建设有着密切的关联，它的传承体系由多元主体构成，其中"社会力量"对传统艺术的当代传承起着举足轻重的作用。安徽财经大学吴衍发教授以"社会组织"为分析视角，剖析传统艺术的组织传承体系和现实困境，借鉴组织社会学新制度主义理论，提出以文化—认知性要素来营造稳定宽松的文化生态环境；以规制性要素为保障，确保制度供给稳健长效；以规范性要素为补充，完善组织传承的准则结构，为组织传承构建良好社会制度环境提供理论支撑。他认为，当下现实社会中以传承中华传统艺术为宗旨的组织机构数量有所增加，但其内涵建设和作用发挥等方面仍有很大的提升空间，尤其需要在党和政府的引导支持下，不断完善社会组织的制度环境，积极探索社会组织参与艺术传承的理论依据、现实可能、操作模式、运作空间等，有效实施组织传承的具体路径，为中华传统艺术的组织传承提供重要理论基础和实践参考。东南大学张杨格博士认为，民俗作为一种根植于最广大群众土壤的历史文化传统，也广泛参与着人类社会生活的方方面面，并时刻伴随着一个国家或民族的发展与变化，对群体性的社会规范、民族精神与行为习惯的形成有着深远影响。

戏曲艺术作为中华传统文化的集大成者，体现了中国人的人生价值和生命意义，激励了中华民族仁人志士的不懈努力和执着追求。中国传统戏曲文化体现出了仁、义、礼、智、信、恕、忠、孝、悌等思想内核，承载着中国人的古老智慧和审美取向。北京外国语大学孙萍教授认为，这种智慧的来源和审美意识植根于华夏儿女的文化基因之中，现实社会中唯有唱好了经典戏，了解了戏曲艺术中的内涵，才可以去谨慎地创新。

沈阳师范大学张威教授认为，戏曲艺术传承和发展的核心是人才，人才队伍的数量、质量和布局，是决定戏曲能否可持续发展的关键问题。当代戏曲艺术亟须推开学科、专业之间壁垒，快速汲取养分，紧跟时代发展的步伐。戏曲无论是作为一门表演艺术，还是作为一种传统文化，如要真正地繁荣和发展它，必须修复其赖以生存的社会环境和文化生态。为此，中国艺术研究院刘文峰研究员针对如何保护戏曲生存发展的文化生态问题，提出了提高全民对戏曲的文化自信与自觉；完善戏曲的保护机制；加大戏曲艺术后备人才的培养；利用现代科技手段抢救和保护戏曲遗产；普及戏曲知识，培养戏曲观众和逐步恢复传统戏曲赖以生存的民间文化土壤等建议。戏曲遗产的保护，重要的是剧种的保护，核心是传承人的保护，根本的是文化生态的保护。戏曲剧种的多样性、我国地域经济的不平衡性，决定了戏曲剧种保护的复杂性和艰巨性。如何在非物质文化遗产的语境下，保护我国的民族、民间戏曲文化遗产，已成为文化艺术研究领域的重要课题。

作为传统文化的典型，戏曲艺术载体在不同时期体现出不同的特点，有民间剧场的"生生不息"，有数字媒介传播的"循环往复"，还有国有戏剧院团的"转型"等，它们都承载着戏曲艺术这一生命体，在现代社会的发展中表现出"生命之轮"的象征意义。如今多数热爱戏曲艺术的观众转入艺术载体的网络接受，网络虽然分流了一些小剧场的受众，但把他们投入更为便捷的网络舞台，这便是戏曲艺术展演形式的时代交替。数字媒介时代，短视频平台构建了数字化、虚拟化、互动性的媒介空间，推动了戏曲艺术的再媒介化。淮阴师范学院单永军教授认为，抖音对戏曲再媒介化重塑主要表现在抖音对戏曲存在语境的置换、抖音对戏曲资源的汇聚和重构、抖音对戏曲观演关系的重构。中国传媒大学王玉辉讲师认为，传统艺术的发展与社会发展进程中的基本需求存在密切联系。中国传媒大学陈忆澄博士认为，戏曲传统剧目的消费活动借由大众传媒、创意产业、互联网经济、文旅融合等通道与艺术传播、艺术接受、艺术教育等社会活动相关联，形成了层次分明的剧目体系、精准高效的人才供给、与时俱进的技艺系统和多元包容的形式风格，塑造了传承的新格局。

## 三、中华传统艺术当代传承的方法研究

在当代中国社会，文化实践者传承中华传统艺术的方式主要有思想上的传承以及行动上的传承两个方面。艺术实践者主体在传承过程中内化了社会和文化的结构：一是对于传统艺术的概念及其内涵的认知，这种认识受到文化精英和媒介的影响；二是传统艺术的现在传承和存在状况，以及当代传承的现实环境。相关概念和公共知识及其话语、

持续不断内化社会和文化结构与文化实践者在长期文化实践中形成的惯习相结合，使得文化实践者以与结构的限定性选择范围基本一致的方式感受、思考和行动。中央民族大学王建民教授认为，中国传统艺术当代传承的研究与实践应当将主体性放在十分重要的位置上，应将其作为一种原则加以倡导。必须真正尊重文化传承主体，不应该也不能够剥夺文化实践者主体的选择权力。在中华文化的多元构成、文化传承的多种面向、国家政策的多种导向等复杂场景中，探究主体性发挥的过程和动力机制，并使文化实践者主体能够获得应有的地位和充分的选择可能性，正是当代中国传统艺术传承研究的重中之重。传承中华传统艺术的创造主体带有很强的自觉性，当代传承的方法主要有活态传承、博物馆式保护、现代转型。河北大学刘宗超教授认为，"活态传承"是创造主体对传统艺术产生环境的留恋或固守，"博物馆式保护"偏重于"原汁原味"的继承与延续，而"现代转型"成为当代人表现当代生活的主要生存方式，是传统艺术适应时代要求而进行的主动探索。从总体上看，传统艺术的传承变化是必然的，"活态传承"和"博物馆式保护"只是权宜之计。在继承中创造，在转化中发展，是传统艺术"现代转型"的必然途径。

如何激发中华传统艺术的活力，使之在当下能够得以传承？为此，许多学者比较深入地探讨了数字技术的介入为中华传统艺术当代传承与创新发展带来的可能性。深圳大学陈仕国副教授认为，元宇宙在对传统艺术予以传承的过程中，传统媒介逐渐失去其主导性与主体性，新媒体技术以其优势正在不断地发挥最大效能。可以说，元宇宙不仅会引发传统艺术传承媒介的变更，改变传统艺术传承的主体身份，而且会不断挖掘传统艺术的当代价值，实现跨越式的发展，甚至有效地赋能传统艺术当代传承的路径，助力中华传统文化复兴。中国传媒大学张苏秋副教授认为，元宇宙的出现迫使学界开始重新思考技术与艺术关系的传统命题。传统艺术为当代艺术生产提供了丰富的文化要素，为现代生活增添人文关怀、引领文化消费、促进中华优秀传统文化传播，同时又因"时代性的移位"而面临价值的消解，故而迫切需要主动地传承传播。元宇宙时代，应当从推动传统艺术传承创新体系建设、加速传统艺术脱域化再生产、践行文化数字化和文化强国战略，以及构建传统艺术跨媒介传播矩阵四个方面挖掘传统艺术的时代价值，推进中华传统艺术的当代传承和发展。东南大学林想博士认为，传统产业对数字化技术的应用，在社会生产、消费、流通等各个环节已获得广泛引入，极大地提高了生产效率，产出了更多产品，成本得到了进一步下降。中华传统艺术是产业进行文化生产的资源基础，而产业则为中华传统艺术当代传承提供价值交换的生产性保障。中华传统艺术当代传承价值交换的产业特征与创新路径，为中华传统艺术当代传承提供了适合的方式与方法。

## 四、中华传统艺术当代传承的案例研究

中国的艺术，既讲传统，又讲当下；既讲崇古，又讲创新。中国艺术人类学学会会长方李莉研究员对村民驱动的艺术乡建案例（云南鹤庆新华村的银器产业、贵州榕江县的蓝染产业、云南南华县的刺绣产业）发展现状进行分析探讨，提出"多元主体的整体发展观"，认为艺术家（设计师）、政府、资本、村民是艺术乡建不可或缺的四个要素，它们共同构成了艺术乡建的整体性；能在乡村推行艺术乡建的人往往是返乡农民和返乡白领，他们在城市经历过现代化的洗礼，既有与艺术家及设计师合作的能力，同时也有与政府合作的能力；在大城市务工的农民返乡从艺，这样的社会现象值得关注，其不仅是国家乡村振兴的政策使然，更是一种社会转型的使然。南京博物院楚小庆研究员认为，大型舞剧《只此青绿》以《千里江山图》青绿山水长卷的创作历史为基础构建艺术文脉和逻辑叙事，以多维展示、多元叙事、多媒介多门类跨界整合的创作思路，实现了造型艺术绘画作品与表演艺术舞蹈作品之间的美学形式贯通。在艺术精神塑造与审美形式表现上，《只此青绿》注重传承历史文化，结合时代精神实现了对于"青绿"审美意象与"宋韵"美学风格的创新性转化和审美水平提升，以创新创造活力展现了《千里江山图》长卷作品厚重的历史和人性的光辉。舞蹈诗剧《只此青绿》真实地再现了典型环境中的典型人物，实现了文博资源与舞台表演艺术的连线，推动了艺术门类之间的跨界整合与交流互鉴，其创新创造和现代性转化实现了为传统文化注入时代精神、彰显中华优秀传统文化的历史光辉与表演艺术创新活力的目标。

中华传统艺术的当代传承是新时代弘扬中华文化精神、树立文化自信的重要命题。西安美术学院苟爱萍教授以北方岩画中的车辆岩画为例，提出车辆岩画与人形共同出现在同在一块被选择的"圣石"之上，埋在地下的车辆是墓主人财富和地位的象征，而被刻在石头上的车辆则是献给族群护佑者的财富。由于车辆自古以来与人类的各种活动，诸如战争、出行、迁徙、商贸、狩猎、祭祀等有着密切关系，因此车辆岩画成为研究古代文化的重要内容之一。在车辆岩画中，有一类蹲踞人形与车辆的组合图像比较特别，蹲踞人形与车辆被刻画在同一载体之上，形成图像组合关系，互为表征，相互加强，是一种有意味的组合形式。这类蹲踞人形与车辆组合的图像，具有某种隐喻的象征意义。中国传媒大学朱小峻博士以山西绛州澄泥砚的当代传承为研究对象，通过梳理澄泥砚艺术的发展历史，以绛州澄泥砚当代的继承与创新、绛州澄泥砚当代传承的困境与机遇研究为视角，阐释了绛州澄泥砚在当代传承的生态共生环境及实践路径。山西绛州澄泥砚

的当代传承研究为中华传统艺术当代的传承提供了新的价值思考,为中华传统艺术融入当代民众生活提供了新的案例视角。

对中华传统艺术当代传承问题的研究是一个凝聚智慧、注入方案的过程。这次学术论坛是在生态理念视域下聚焦众多具体的艺术传承问题而展开的讨论,目的是进一步唤起人们的生态意识,用生态观重塑人们的价值观,让人们重新采取一种合乎生态的生活方式,走可持续发展的道路。本次会议是在中国共产党第二十次全国代表大会胜利闭幕之际召开的,会议主题与党的二十大对中华优秀传统文化的高度强调相契合。生态理念视域下中华传统艺术当代传承研讨会的召开,对保护传承、创新发展中华优秀传统文化,提高文化自信,提升中华文化的国际影响力等具有积极意义。

**作者简介:**

李玉琴,辽宁大学广播影视学院教授。研究方向:音乐艺术、影视艺术、艺术理论。

图书在版编目(CIP)数据

中国文化传播. 第二辑 / 王廷信主编. -- 北京 : 中国传媒大学出版社, 2024.4
ISBN 978-7-5657-3578-3

Ⅰ. ①中… Ⅱ. ①王… Ⅲ. ①中华文化—文化传播 Ⅳ. ①G125

中国国家版本馆CIP数据核字(2024)第022693号

## 中国文化传播（第二辑）
ZHONGGUO WENHUA CHUANBO (DI-ER JI)

| 主　　编 | 王廷信 |
|---|---|
| 策划编辑 | 曾婧娴 |
| 责任编辑 | 裴向敏 |
| 封面设计 | 赵　阳 |
| 责任印制 | 李志鹏 |

| 出版发行 | 中国传媒大学出版社 | | |
|---|---|---|---|
| 社　　址 | 北京市朝阳区定福庄东街1号 | 邮　　编 | 100024 |
| 电　　话 | 86-10-65450528　65450532 | 传　　真 | 65779405 |
| 网　　址 | http://cucp.cuc.edu.cn | | |
| 经　　销 | 全国新华书店 | | |
| 印　　刷 | 唐山玺诚印务有限公司 | | |
| 开　　本 | 787mm×1092mm　1/16 | | |
| 印　　张 | 11 | | |
| 字　　数 | 208千字 | | |
| 版　　次 | 2024年4月第1版 | | |
| 印　　次 | 2024年4月第1次印刷 | | |
| 书　　号 | ISBN 978-7-5657-3578-3/G・3578 | 定　价 | 56.00元 |

本社法律顾问：北京嘉润律师事务所　郭建平